세상에서 가장 재미있는

사랑과 욕망 세계사

출판은 사람과 나무 사이에서 이루어지는 가치 있는 일입니다.
도서출판 사람과나무사이는 의미 있고 울림 있는 책으로 독자의 삶을
좀 더 풍요롭게 만들기 위해 최선을 다하겠습니다.

• 『세상에서 가장 재미있는 28가지 세계사 이야기 - 사랑과 욕망편』을 제목을 바꾸고
새롭게 디자인해서 출간한 책입니다.

세상에서 가장 재미있는

사랑과 욕망 세계사

호리에 히로키 지음 | 김수경 옮김 | 이강훈 그림

사람과
나무사이

세계사를 움직이는 두 개의 톱니바퀴, 사랑과 욕망

'사랑'과 '욕망'은 인생과 역사를 움직이는 톱니바퀴이며 축이다. 톱니바퀴가 정교한 기계를 작동하게 하고, 바퀴 축이 자동차를 달리게 하듯 '사랑'과 '욕망'은 인생을 움직이고 역사를 추동(推動)한다.

스웨덴 출신 한스 악셀 폰 페르센(Hans Axel von Fersen, 1755~1810) 백작을 움직인 것은 '사랑의 힘'이었다. 그는 프랑스 왕국의 왕비 마리 앙투아네트(Marie-Antoinette, 1755~1793)를 깊이 사랑하고 흠모했다. 그랬기에 그는 자신의 전 재산 150만 리브르(오늘날 기준 200억 원 넘는 거액)를 쏟아부어 프랑스대혁명으로 절체절명의 위기에 빠진 루이 16세 국왕과 앙투아네트 왕비를 국외로 망명시킬 계획을 세우고 실행에 옮겼다. 그리고 그 계획은 거의 성공할 뻔했다! 그러나 간발의 차이로 국경을 벗어나기 직전 국왕과 왕비 일행은 혁명 추격대에 붙잡혔고 얼마 후 형장의 이슬로 사라지는 비극적 운명을 맞이했다. 앙투아네트를 향한 페르센의 사랑은 앙투아네트와 루이 16세의 운명은 물론이고 프랑스대혁명의 물줄기와 프랑스 역사의 방향마저 송두리째 바꿔놓을 뻔했다. 만일 그때 국왕 일행이 망명에 성공했다면 프랑스대혁명의 흐름도 달라졌을 가능성이 크고 혁명의 불길이 꺼진 뒤 복귀를 노렸을 수도 있기 때문이다.

그날 국왕과 왕비 일행의 망명은 왜 실패했을까? 아이러니하게도 루이 16세의 '두 가지 욕망'이 결정적 걸림돌로 작용했다. 하나는 어떤 상황에서도 자제할 수 없는 '왕성한 식욕'이었고, 다른 하나는 (자신의 아내인 앙투아네트를 사랑하는 페르센 백작을 향한) 불타는 '질투의 힘'이었다. 타고난 비만 체형의 엄청난 대식가인 루이 16세는 놀랍게도 목숨을 건 도주를 감행하기 직전 평상시와 다름없이 많은 양의 식사를 했다고 한다. 폭식으로 인한 위장 장애는 형편없는 도로 상태·바퀴를 보호하는 충격 흡수제가 없는 마차 등 18세기 당시의 열악한 교통 여건과 맞물리며 최악의 상황으로 몰고 갔다. 그리고 여기에 페르센을 향한 분노와 '질투'가 더해지면서 루이 16세는 절대로 하지 말았어야 할 결정을 하고 만다. 그것은 바로 자신의 전 재산을 털어 계획을 세우고 스스로 위장한 마부가 되어 다른 마부들을 통솔하고 지휘하며 자신을 도와온 페르센을 해고하고 내쫓은 일이었다. 만일 그때 루이 16세가 '식욕'과 '질투욕'에 사로잡혀 어리석은 판단을 하지 않았다면 자신의 운명은 물론이고 프랑스 역사마저 달라지지 않았을까.

'여자'와 '성욕'을 연료 삼아 예술혼을 불태운 화가가 있다. 천재 화가 파블로 피카소(Pablo Picasso, 1881~1973)가 바로 그다. 그의 두 번째 연인이자 아내인 마리 테레즈 발테르(Marie-Thérèse Walter, 1909~1977)는 훗날 "피카소는 여자와 몸을 섞어야만 비로소 그림을 그린다"라는 흥미로운 증언을 했다. 이렇듯 피카소는 '사랑'과 '성욕'을 그림을 그리기 위한 도구로 사용했으며 자신이 사랑한 여자들을 그림을 그리는 데 절대적으로 필요한 '영감'을 샘솟게 하기 위한 하나의 수단으로 여겼다.

어쨌든 천재 화가 파블로 피카소의 뒤틀린 욕망과 사랑이 영감의 원천이 되고, 나아가 세계 미술사를 크게 바꾸어 놓았다는 점에서 흥미진진하면서도 아이러니한 일이 아닐 수 없다.

초대 벨기에 국왕의 딸 샤를로트(Charlotte von Belgien, 1840~1927)는 상승 지향 성향이 강한 여자였다. 그랬기에 샤를로트는 프랑스 황제 나폴레옹 3세가 막시밀리안(Ferdinand Maximilian, 1832~1867)에게 '멕시코 황제' 자리를 제안했을 때 망설이는 남편을 종용하여 합스부르크가와의 인연도 끊고 그 위험한 거래를 받아들이게 한다. 그러나 결과는 참담했다. 나폴레옹 3세에게 배신당한 남편은 멕시코 민중의 반란으로 처형당했고 그 충격으로 샤를로트 자신도 미쳐버렸기 때문이다. '황후가 되고 싶다'라는 욕망이 자신과 남편의 인생을 망쳤을 뿐 아니라 19세기 유럽과 아메리카의 역사에도 영향을 미친 것이다.

그 밖에도 이 책에는 몰락한 영웅 나폴레옹이 임종 직전 자신의 심장을 두 번째 아내 마리 루이즈에게 보내달라는 유언을 남긴 까닭, 고흐의 '귀를 자른' 진범이 그가 존경했던 화가 고갱이었다는 의혹에 대한 진실 규명, 어머니 제니의 화려한 남성 편력이 윈스턴 처칠을 영국 총리로 만든 원동력이었다는 흥미로운 이야기, 천재 중의 천재 아인슈타인의 뇌가 그의 간절한 바람과 정반대로 사후 200조각으로 잘려 이 사람 저 사람에게 조리돌림당한 기막힌 사연 등 잠시도 손에서 책을 놓을 수 없게 하는 재미있는 역사 이야기로 빼곡하다.

이 책을 통해 단지 재미만이 아니라 작게나마 역사에 대한 혜안과 통찰을 얻게 되기를 바란다.

2

8

차례

ABSINTH

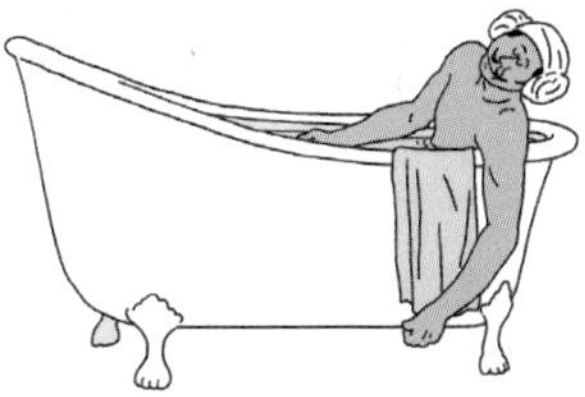

1

역사를 움직이는 두 가지 힘, ‘사랑’과 ‘욕망’

episode

01

앙투아네트 왕비를 향한
페르센 백작의
은밀하고 독한 사랑

앙투아네트에게 반해 전 재산에 목숨까지 걸며 도피를 도운 스웨덴 출신 페르센 백작

1791년 6월 20일에서 21일로 넘어가는 야음(夜陰)을 틈타 파리의 튀일리궁(Palais des Tuileries)을 탈출하는 사람들이 있었다. 프랑스 왕 루이 16세(Louis XVI, 재위 1774~1792)와 마리 앙투아네트 왕비 일행이 그들이었다. 바야흐로 두 역사적 인물의 운명을 결정지은 '바렌 도주 사건'이 시작된 것이다.

애초 그들은 몇 시간 일찍 출발할 계획이었으나 차질이 빚어졌다. 그리고 그 '차질'은 마치 심판관처럼 그들의 목숨과 운명을 매몰차게 결정해버렸다. 그날 대체 무슨 일이 있었기에 탈출이 지연된 걸까?

루이 16세와 앙투아네트 왕비는 자신들을 돕는 사람들과 오랜 시간 논의한 끝에 익숙하고 편안한 튀일리궁을 한시바삐 탈출해야 한다는 결론에 도달했다. 그즈음 수립된 프랑스 혁명 정부가 생명의 위협을 느낄 정도의 엄청난 기세로 짓쳐들어왔기 때문이다. 그들은 앙투아네트의 고국인 오스트리아로 가서 일단 그곳에 한동안 머물기로 했다.

당시 국왕 루이 16세와 앙투아네트 왕비 부부는 튀일리궁에 유폐되어 있었다. 그들은 그러한 상황이 불편하고 불만스러웠으나 어쩔 도리가 없었다. 민중은 민중대로 삼삼오오 모여 "외국으로 도망가려 하지 않겠어?"라고 수군거렸다. 그리고 그 수군거림이 그럴 듯한 소문이 되어 발 달린 말처럼 삽시간에 프랑스 전역으로 퍼져나갔다.

주도적으로 도주 계획을 세우고 실행에 옮긴 인물은 스웨덴 출신 한스 악셀 폰 페르센 백작이었다. 그는 이 계획에 전 재산을 쏟아붓다시피 했다. 그러고도 모자라자 연인에게 큰돈을 빌리기도 했다. 일설에 따르면 당시 페르센이 국왕 부부의 도주를 위해 동원한 자금이 150만 리브르였는데, 오늘날 가치로 환산하면 200억 원이 훌쩍 넘는 막대한 금액이었다고 한다.

절체절명의 순간에
운명을 송두리째 바꿔놓은
앙투아네트의 어리석은 선택

페르센은 중세의 충성스러운 기사처럼 국왕 부부, 아니 마리 앙투아네트 왕비를 위해 모든 것을 희생하고 헌신했다. 그는 앙투아네트를 열렬히 사모했다. 그러나 그런 페르센조차 무모하다 못해 무식하기 짝이 없는 앙투아네트의 고집을 꺾을 수는 없었다. 그런 절체절명의 위기 상황에서 앙투아네트 왕비가 페르센에게 가장 먼저 요구한 것은 어이없게도 말 여섯 마리가 끄는 호화롭고 중후한 대형마차였다.

페르센은 앙투아네트에게 "가족이 함께 다니지 말고 따로 따로 움직이며 피난 가는 편이 훨씬 안전합니다"라고 말하며 설득했다. 그러나 앙투아네트는 그의 제안을 받아들이지 않았다. 특별한 이유가 있어서는 아니었다. 그저 '어디를 가든 온 가족이 함께하고 싶다'는 것이 구실이었다. 페르센은 몇 번 더 간곡히 설득했으나 소용이 없다는 걸 깨달았다. 그러니 그로서는 국왕과 왕비의 결정을 묵묵히 받아들이는 수밖에 다른 도리가 없었다.

아무리 모두 잠든 한밤중이라고는 해도 사람들의 이목이 집중돼 있는 궁전에서 그 많은 이들이 거대한 마차를 타고 몰래 빠져나가는 것은 불가능에 가까웠다. 결국 일단 뿔뿔이 흩어져 여러 대의 작은 마차에 나눠 타고 궁전을 빠져나가는 방향으로 시급히 계획을 변경하는 수밖에 없었다. 그런 다음 그들은 파리 교외로 나가서 미리 준비해놓은 대형마차에 옮겨 타기로 했다.

혁명 정부는 루이 16세 국왕 일가가 튀일리궁에서 사라졌다는 사실을 알게 되었다. 그들이 도주 계획을 실행에 옮기고 네 시간쯤 지난 6월 21일 새벽 5시 즈음이다. 바로 그때 국왕 일가가 탄 마차는 파리에서 10킬로미터 남짓 떨어진 봉디라는 마을 부근을 지나고 있었다. 그들의 탈출은 왜 그렇게 지체되었을까? 한밤중에도 잠들지 않고 거리를 어슬렁거리고 다니는 사람이 많아 파리를 빠져나오는 데 애를 먹었기 때문이다.

거대한 마차 안에는 외국인 귀족으로 변장한 국왕 부부와 몇 명의 여자가 타고 있었다. 앙투아네트는 러시아 귀족 '코르프 부인'으로 위장한 상태였다. 어린 자녀들에게는 '가장무도회에 간다'고 둘러댔기에 탈출 사실을 알지 못했다.

당시 마차는 건장한 말 여섯 마리가 끌었음에도 무척 느린 속도로 달렸다고 한다. 왜 그랬을까? 와인 8병, 고가의 은장식 식기류 일체, 조리용 난로, 새로 재단한 드레스와 각종 예복이 든 옷장 등 일일이 헤아리기도 힘들 만큼 많은 물건을 싣고 있었기 때문이다. 이 모든 것은 앙투아네트 왕비의 지시에 따른 조치였다.

그야말로 목숨을 건 피난길에 그런 호화롭고 무겁고 거추장스러운 짐을 꼭 가져가야 했느냐는 비난을 마땅히 살 만한 일이었다. 그러나 국왕 부부는 그것들이 꼭 필요하다고 판단했던 것으로 보인다. 두 가지 측면에서 그랬다. 하나는 다행히 도주에 성공해서 안전한 곳에 도착했을 때 프랑스 왕가의 위신을 보여주는 데 그 사치품들이 필요하다고 생각하지 않았나 싶다. 다른 하나는 불행하게도 도주 중 발각되어 체포될 경우 잘하면 그 물건 중 일부를 뇌물로 주고 풀려날 수 있지 않을까 하는 기대에서였을 것이다.

하지만 국왕 부부의 그런 우려와 복잡한 계산은 결국 치명적인 독이 되고 말았다. 그 많은 짐이 마차를 무겁게 만들어 말이 달리는 속도를 크게 늦추었기 때문이다. 결국 그들의 결정은 제 손으로 제 무덤을 파는 어리석은 선택이 되고 만 셈이었다.

결정적 순간,
루이 16세가 페르센 백작을 쫓아내지 않았다면
형장의 이슬로 사라지지 않았을 것이다?

페르센 백작은 스스로 마부가 되어 다른 마부들을 지휘하고 통솔하며 필사적으로 말을 몰았다. 그들의 목숨을 건 여정에는 악조건과 장애물이 많았다. 그리고 그 탓에 좀처럼 속도가 나지 않았다. 앞에서 말한 대로 앙투아네트가 고집을 부려 어쩔 수 없이 챙긴 온갖 물건 탓도 있었으나 당시의 형편없는 도로 상태도 한몫했다. 도로 포장 상태가 좋지 않은 건 그렇다 치더라도 당시에는 마차 바퀴를 보호하는 충격 흡수제가 발명되지 않았기에 더욱더 힘들고 고통스러운 여정이 기다리고 있었다. 파리를 벗어나기 시작하면서 속도를 높인 터라 마차는 심하게 덜컹거렸을 것이다. 그런 상황에서 국왕 부부는 불평 한마디 입 밖으로 내지 못한 채 극심한 어지러움과 함께 생명의 위협마저 느끼지 않았을까.

파리를 벗어난 뒤 국왕 부부 일행을 실은 마차는 첫 숙소가 있는 봉디에 도착했다. 루이 16세는 그곳에 도착하자마자 페르센 백작에게 마차에서 당장 내리라고 명령했다. 페르센은 목적지인 오스트리아에 다다를 때까지 자신에게 그 일을 맡겨 달라고 간청했으나 국왕은 일언지하에 거절했다. 우유부단한 성격의 소유자인 루이 16세가 그토록 단호하게 결정을 내린 것으로 보아 그때까지의 도피 여정이 그에게 얼마나 힘들고 고통스러운 일이었을지 짐작이 간다.

당시 루이 16세의 결정과 언행을 두고 여러 해석이 분분한데 그중 벨기에의 역사, 전기 작가 앙드레 카스텔로(André Castelot)의 주장이 흥미롭다.

"자기 아내의 애인, 혹은 최소한 그와 비슷한 존재로 여겨왔던 인물의 보호를 받아야 하는 도피 여정을 유쾌하게 받아들일 남자는 없지 않을까."

고개가 끄덕여지는 의견이다. 하지만 그런 낭만적인 이유보다는 페르센이 주도한 엄청난 속도의 불편한 여행을 편안하고 안락한 생활에 길든 뚱뚱한 루이 16세가 견디지 못했기 때문이라는 것이 좀 더 합리적일 듯하다.

루이 16세는 타고난 비만 체형의 엄청난 대식가였다. 독특하게도 거의 유일한 취미가 '자물쇠 만들기'였다고 한다. 목숨을 건 도주를 감행하기 직전에도 그는 평상시와 다름없이 많은 양의 식사를 했을 것이다. 이렇게 추정하는 이유는 그가 도주 직전에도 평상시처럼 행동했다는 기록이 남아 있기 때문이다. 그러니 충격 흡수제도 없는 마차 바퀴가 노면 상태가 엉망인 도로를 빠른 속도로 달릴 때 느끼는 위장의 불쾌감이 굉장히 컸을 것이다. 그는 여러 번 괴로운 구토감을 느끼며 고통스러워했을 게 분명하다.

페르센은 다리가 후들거릴 정도로 맥이 풀렸다. 그렇지만 그는 마지막 순간까지 충실한 '마부' 연기를 계속했다. 모자를 고쳐 쓰고 코르프 부인, 아니 앙투아네트 왕비가 탄 마차로 다가가 떨리는 목소리로 속삭이듯 이렇게 말했다.

"아듀, 마담 드 코르프!"

프랑스어로 '아듀'는 이별의 인사다. 페르센은 이제 두 번 다시 만날 수 없게 된 상대에게 영원한 이별의 아픔을 삭이며 마지막 인사를 건넸다. 망연자실한 표정으로 우두커니 서 있는 페르센을 남겨두고 국왕 부부 일행을 실은 마차는 순식간에 사라져버렸다.

간발의 차이로 추격대에게 붙잡힌 비운의 주인공 루이 16세 국왕과 앙투아네트 왕비

페르센이라는 걸출한 대장 마부가 두 사람의 마부를 효율적으로 통솔하며 여섯 마리 말을 몰던 역동적인 시간은 이제 끝이 났다. 이후 루이 16세의 지시에 따라 움직이게 된 일행의 속

도는 민달팽이처럼 한없이 느려졌다.

6월의 밤은 짧아서 금세 아침이 밝아왔다. 아침이 되자 루이 16세는 좀 더 느긋한 속도로 마차를 몰도록 마부들에게 명했다. 이런 루이 16세의 선택을 어리석다고 욕할 수만도 없지 않을까. 왜냐하면 그는 대형마차가 곁눈질도 하지 않고 무엇에 쫓기듯 전속력으로 달려가면 오히려 민중의 의심을 살 위험이 있다고 걱정했을 수도 있기 때문이다. 그리고 어쩌면 그는 국왕인 자신이 조국 프랑스와 튀일리궁을 버리고 탈출하는 일에 일말의 죄책감을 느끼고 있었을지 모른다. 만일 그랬다면 그런 복잡한 마음이 속도를 늦추는 원인이 되었을 가능성도 없지는 않다. 그러나 이는 어디까지나 가능성일 뿐 안쓰럽게도 다음의 정황을 살펴보면 꼭 그랬던 것 같지도 않다.

페르센을 해고한 뒤 국왕 일행의 여정은 느긋하다 못해 여유로울 정도였다. 루이 16세는 한 잔의 와인을 마시기 위해 혹은 아이들이 밖에서 뛰어놀 시간을 주기 위해 종종 마차를 세웠다. 그럴 때면 그는 난생처음 보는 크고 호화로운 마차를 보고 호기심에 찬 눈으로 다가오는 민중에게 천연덕스럽게 말을 걸곤 했다. 게다가 어리석게도 국왕의 신분임을 알 수 있게 하는 말과 행동으로 민중과 소통하는 치명적인 잘못을 저질렀다. "절대로 사람들에게 폐하의 신분을 밝히시면 안 됩니다"라는 페르센의 간곡한 조언에도 불구하고 말이다.

마리 앙투아네트 왕비는 혁명군에 체포되기 전까지 러시아 귀족 코르프 부인의 여권을 몸에 지니고 있었고 루이 16세 국왕은 코르프 부인의 몸종으로 위장해 연기하고 있었다. 그들은 매의 눈을 가진 명탐정도 속여 넘길 수 있을 만큼 감쪽같이 위장한 채 완벽한 신분증까지 소지하고 있었으나 지나가는 곳마다 '국왕 부부가 도망 중이다'라는 소문이 발 달린 말처럼 빠르게 퍼져나갔다.

결국 그들은 바렌이라는 마을에서 사냥개가 냄새를 쫓듯 끈질기게 추적해온 자들에게 붙잡히는 신세가 되었다. 그들이 제1차 목적지이자 안전한 장소로 점찍어둔 프랑스와 오스트리아령 벨기에 국경 근처의 몽메디 마을은 바렌에서 엎어지면 코 닿을 정도로 가까운 거리에 있었다. 루이 16세 국왕과 마리 앙투아네트 왕비에게 운명의 여신은 참으로 모질고 가혹했던 셈이다.

절망적인 상황에 맞닥뜨린 앙투아네트는 품격을 잃지 않고 담담히 국왕의 곁을 지켰다. 비록 그는 결점이 많은 인물이었으나 이 점만은 찬사를 보내도 아깝지 않을 만큼 훌륭한 처신이었다.

반면 이런 생각도 든다. '마리 앙투아네트 왕비가 좀 더 현실적이고 영악한 인물이라면 어땠을까? 그랬다면 우리가 이미 알고 있는 역사가 전혀 다른 방향으로 전개될 수도 있지 않았을까? 만일 그랬다면 그는 게으르고 무능한 데다 현실 파악도 제대로 안 되는 국왕을 결박하고 지휘권을 빼앗아서라도 마부들이 좀 더 서둘러 말을 몰도록 독려했을 것이고 결국 목숨을 건질 수 있지 않았을까?'라는 생각 말이다. 그러나 역시 역사에 '만약'은 없다. 그리고 그들은 그야말로 '부창부수(夫唱婦隨)'였을 가능성이 크다.

국왕 부부는 거침없이 쏟아져 내리는 6월의 햇빛 아래 단 하루 만에 달려온 길을 3일에 걸쳐 고통스럽게 걸으며 파리로 끌려 돌아왔다. 그들을 기다리는 것은 사나운 맹수처럼 날뛰며 퍼부어대는 민중의 야유와 조소, 그리고 '왕권 박탈'이라는 혁명 정부의 가혹한 결정이었다.

그날 밤, 튀일리궁에서
'두 사람' 사이에 무슨 일이 있었을까?

한순간에 모든 것을 잃어버린 사람은 국왕 부부만이 아니었다. 전 재산을 쏟아부었을 뿐 아니라 목숨 걸고 그들의 도피행을 도운 페르센 백작도 마찬가지였다. 그는 루이 16세에게 '해고'당한 뒤 브뤼셀을 향해 가던 중 국왕 부부의 체포 소식을 전해 듣고 실의에 빠졌다. 그런 페르센을 맞이한 이는 오랜 연인 엘리너 설리번(Eleanore Sullivan)이었다.

이렇게 말하면 '18세기의 남녀관계는 도대체 얼마나 복잡하고 문란했던 거야?'라는 의아한 생각이 들만도 하다. 그러나 꼭 그랬다기보다는 앙투아네트를 진심으로 사랑한 페르센이 그와의 플라토닉한 관계에만 만족할 수 없었던 터라 다른 연인을 사귄 게 아니었을까 싶다. 실제로 이와 같이 해석한 역사학자도 있다.

그 밖에 다른 해석도 있는데, 예를 들면 이런 것이다. 당시 페르센 백작이 마리 앙투아네트 왕비를 사모한다는 사실을 아는 이가 적지 않았다고 한다. 그러니 그 소문은 자연스럽게 루이 16세의 귀에 들어갔을 테고 국왕은 질투심과 분노에 치를 떨었을 것이다. 이에 본능적으로 위협을 느낀 페르센은 공공연하게 애인을 사귐으로써 루이 16세의 질투와 경계의 눈초리를 누그러뜨리고자 한 게 아닐까라는 해석 말이다. 어찌 됐든 프랑스 국왕의 신하도 프랑스 귀족도 아닌 페르센이 전 재산을 바쳐 국왕 부부의 도피를 도운 것은 전적으로 앙투아네트 왕비를 향한 열렬한 사랑에서 비롯된 행위였음은 명백한 사실이다.

루이 16세 국왕 부부가 점점 더 위태로운 나락으로 빠져들고 있을 무렵 브뤼셀에 머무르던 페르센은 스웨덴에 있는 누이에게 편지를 썼다. 편지는 시종일관 비장한 어조를 유지했다.

"한 가닥의 희망이라도 있다면 나는 그분들(루이 16세 국왕 부부)에게 봉사하겠다고 굳게 마음먹었어. 그렇게 하지 않으면 한순간도 나 자신을 지탱해나갈 수 없고 극심한 고통을 견딜 수 없을 것 같아!"

페르센은 조력자 편에 앙투아네트에게서 편지 두 통을 전해 받았다. 1791년 7월의 일이다. 길지 않은 편지에 페르센의 가슴을 뛰게 할 문장이 있었다.

"이제라도 말씀드립니다. 저는 당신을 오랫동안 사모해왔습니다!"

그해 9월, 루이 16세 국왕 부부를 구출해내기 위해 절망적인 상황에서도 좌절하지 않고 백방으로 노력하던 페르센에게 앙투아네트 왕비가 살벌한 감시의 눈을 피해 보낸 '반지'가 기적적으로 도착했다.

이듬해인 1792년 2월 13일 늦은 밤. 페르센은 국왕 부부가 감금돼 있는 튀일리궁에 침입하는 데 성공했다. 이후 그는 감시의 눈을 피해 작은 방에서 은밀히 앙투아네트와 다시 만났다. 8개월여 만에 만난 왕비의 수척해진 모습에 페르센은 화들짝 놀랐다.

다음 날 아침까지 페르센은 튀일리궁을 떠나지 않고 거기서 밤을 보냈다. 그는 일기에 다음과 같이 썼다.

"그날 밤 나는 그 궁에 머물렀다."

이 간결한 한 문장이 많은 사람의 상상력을 발동시켰고 온갖 추측을 불러일으켰다. 한편 왕비도 그날 밤 페르센이 궁전에 온 사실을 루이 16세에게 보고하지 않았는데, 이 사실이 사람들의 상상력과 추측이라는 불길에 땔감을 제공해준 셈이었다.

물론 두 사람은 그저 도주 계획에 대해 밀담을 나누었을 수도 있다. 과연 그랬을까? 실제로 그날 밤 튀일리궁의 은밀한 방에서 두 사람 사이에 무슨 일이 있었는지 정확히 알 길은 없다. 아무튼 그 일을 여기서 더는 왈가왈부하지 말자. 왜냐하면 이러한 사족이 오히려 그들의 진지한 사랑을 훼손하는 일이 되지 않을까 여겨지기 때문이다.

운명은 결국 두 사람의 편이 되어주지 않았다. 그날 밤의 그 은밀한 밀회가 두 사람에게는 영원한 이별의 전주곡이 되었기 때문이다.

그다음 날인 1792년 2월 14일, 페르센은 루이 16세를 알현하여 다시금 도주 계획을 제안했다. 그러나 루이 16세는 그 제안을 일언지하에 거절했다. 페르센은 좀 더 간곡히 설득하려 했으나 국왕의 마음을 바꿀 수 없었다. 그 후에도 페르센은 모든 수단과 방법을 동원해 국왕 부부를 구출해낼 계획을 세우고 실행에 옮겼지만 일은 뜻대로 풀리지 않았다.

결국 이듬해인 1793년 1월 21일, 루이 16세는 단두대에 올라 처형되는 비참한 운명을 맞이했다. 이후 왕비 마리 앙투아네트 역시 '어떠한 증거도 없음'이라는 수사 결과에도 불구하고 날조된 재판으로 남편과 같은 운명을 피해갈 수 없었다. 그해 10월 16일의 일이었다. 이 사실을 알게 된 페르센은 미쳐버릴 것만 같았다.

앙투아네트가 형장의 이슬로 사라진 뒤 연인 엘리너를 통해 그가 남긴 최후의 편지가 페르센에게 전해졌다. 편지에는 이렇게 적혀 있었다.

"잘 있어요! 나의 마음은 온전히 당신의 것입니다!"

모든 삶의 의욕을 상실한 페르센은 연인 엘리너와 헤어지고 고국 스웨덴으로 돌아온 뒤 우울한 나날을 보냈다. 페르센과 동갑이던 앙투아네트는 그의 기억 속에서 영원히 젊고 아름다운 모습 그대로 남아 있었다. 하지만 페르센은 인생의 목표도 의미도 모두 상실한 채 쓸쓸히 늙어가고 있었다.

'6월 20일'에 똑같이 비극적 운명을 맞이한 두 사람, 페르센과 앙투아네트

페르센이 스웨덴 왕자를 독살했다는 악질적인 소문이 떠돌기 시작했다. 앙투아네트가 죽은 지 18년이 지난 1810년의 일이다.

그런 소문에도 불구하고 페르센이 왕자의 장례식에 모습을 드러내자 분노한 사람들이 그를 공격했다. 이성을 잃은 군중은 페르센을 마차에서 끌어내어 옷을 찢고 침을 뱉으며 그가 숨을 거둘 때까지 무자비한 폭력을 휘둘렀다. 게다가 그의 사체는 온몸이 발가벗겨진 상태로 오랫동안 방치되어 있었다고 한다. 이는 1810년 6월 20일의 일이었다.

기묘하게도 페르센이 무참히 죽음을 당한 6월 20일은 '바렌도주 사건'이 벌어진 날과 정확히 같은 날이었다. 이 사실이 알려지자 사람들은 또다시 '페르센과 앙투아네트가 같은 불행한 운명의 별에서 태어난 동지였다'라고 수군거렸다.

episode

02

영웅 나폴레옹을 절망하게 한 황후 마리 루이즈의 배신

나폴레옹과 마리 루이즈의 운명을 결정지은 어느 공작부인의 은밀한 속삭임

나폴레옹 보나파르트(Napoleon Bonaparte, 1769~1821)의 두 번째 아내 마리 루이즈(Marie Louise, 1791~1847) 황후는 남편에게 사랑과 열정이 가득 담긴 편지를 썼다. 이는 1814년 4월 4일의 일로, 남편인 나폴레옹이 황제의 지위를 박탈당했다는 소식을 들은 직후였다.

"당신을 위로하고 싶습니다. 당신과 불행을 나누고 싶고 당신에게 힘이 되고 싶습니다. 당신의 사랑하는 아내로서 당신의 깊은 슬픔을 달래고 싶습니다."

편지에는 루이즈 황후의 눈물 자국이 선명하게 남아 있었다.

나폴레옹이 퇴위한 직후 마리 루이즈는 아들 '로마왕(Roi de Rome, 나폴레옹 2세)'과 함께 수도 파리를 탈출해 블루아성으로 피신한 상태였다. 그런 악조건에도 루이즈는 용기를 내어 퐁텐블로궁에 유폐돼 있는 나폴레옹을 단 한 번만이라도 만나보려고 마차에 몸을 실었다.

그 순간, 마리 루이즈의 귀에 조용히 속삭이는 사람이 있었다. 황후의 시중을 들던 몽테벨로 공작부인(Louise Antoinette Lannes,

Duchess of Montebello)이었다. 그는 마차에 올라 탄 루이즈에게 다가와 이렇게 말했다.

"지금 부군에게 갈 때가 아닙니다. 한시라도 서둘러 합스부르크 가문의 수장이신 프란츠 황제를 만나 부군과 아드님의 신변을 보호해달라고 간청하셔야 합니다."

몽테벨로 부인의 은밀한 조언 한마디가 마리 루이즈와 나폴레옹의 운명을 송두리째 바꿔놓은 셈이다. 그 말 한마디에 루이즈의 마음이 변했기 때문이다.

중간 지점인 오를레앙에서 마리 루이즈는 나폴레옹에게 다음과 같은 내용이 담긴 편지를 썼다.

"지금 당장은 당신에게 가지 않기로 했습니다. 먼저, 제 아버지를 만나 뵈어야겠습니다. (당신이 유배될) 엘바섬에서 당신이 받게 될 처우 개선과 저와 아들을 위해……."

절절한 어조를 담은 마리 루이즈의 이 편지에 거짓이나 가식은 없었을 것이다. 그러나 나폴레옹에게 이 소식은 청천벽력 같은 일이었다. 1814년 4월 12일 밤, 나폴레옹은 또 한 번 큰 충격을 받았다. 출국 준비를 서두르던 아내와 아들이 합스부르크 가문의 사신을 자처하는 한 사내의 손에 이끌려 어디론가 가버렸다는 전언이었다.

절망에 빠진 나폴레옹은 독을 마시고 목숨을 끊으려 했으나 불행인지 다행인지 뜻을 이루지 못하고 목숨을 건졌다. 어이없게도 그가 마신 독이 너무 오래되어 효능을 상실했기 때문이었다. 가까스로 목숨을 건진 나폴레옹은 결국 엘바섬에 유배되었다.

귀양살이하는 신세가 된 나폴레옹은 사랑하는 아내의 말을 믿었다.

"인자하신 아버지께서 제 눈물 어린 호소에 감동해 틀림없이 당신의 운명을 바꾸어줄 겁니다."

나폴레옹은 1810년 첫 번째 아내 조제핀(Joséphine de Beauharnais, 1763~1814)과 이혼했다. 아이가 생기지 않는다는 것이 사유였다. 그는 같은 해에 두 번째 아내 마리 루이즈를 유럽의 전통적인 명문가 합스부르크 가문에서 맞아들여 황후로 삼았다. 당시 마리 루이즈는 열아홉 살로 나폴레옹보다 스물여섯 살 어린 신부였다. 이듬해인 1811년 나폴레옹은 루이즈 황후에게서 그토록 바라고 바라던 아들 로마왕을 얻었다. 그러나 앞에서 이야기했듯 마리 루이즈와의 설레는 결혼 생활도 사랑도 나폴레옹의 갑작스러운 퇴위와 함께 끝나고 말았다. 1814년 4월 즈음의 일이었다.

나폴레옹의 숙적 나이페르크 백작과 '육체관계를 맺는' 사이로 발전한 마리 루이즈

친정인 오스트리아로 돌아가 아버지 프란츠 황제를 만난 마리 루이즈는 자신과 아들의 안전과 미래를 약속받는 데 성공했다. 그러나 엘바섬에 유배된 나폴레옹의 처우를 개선해달라는 요구는 받아들여지지 않았다. 프란츠 황제가 몰래 손을 썼는지 로마 교황청으로부터 '나폴레옹과 조제핀의 이혼을 허락하지 않는다'라는 판결이 떨어졌기 때문이다.

이는 말하자면 나폴레옹의 정식 부인은 조제핀이며 마리 루이즈와는 내연 관계에 지나지 않는다는 의미였다. 게다가 나폴레옹은 폴란드 귀족 마리아 발레프스카(Maria Walewska, 1786~1817)와 연인 사이이며 그들 사이에 아들도 있다는, 오랫동안 숨겨졌던 비밀까지 드러나고 말았다.

실의에 빠진 마리 루이즈는 아버지가 시키는 대로 온천 휴양지인 엑스레뱅으로 향했다. 그곳에서 그녀는 감시와 보호를 겸한 나이페르크(Adam Albert von Neipperg, 1775~1829) 백작과 육체관계를 갖는 사이로 발전했다.

그 무렵 이탈리아 엘바섬에 유배된 나폴레옹은 어떻게 지내고 있었을까? 그는 아내 마리 루이즈가 편지에 약속한 대로 프란츠 황제를 설득해 아들을 데리고 자신의 곁으로 와줄 날만 손꼽아 기다리고 있었다. 자신이 남몰래 감추어왔던 '불편한 진실'이 낱낱이 까발려졌다는 사실은 꿈에도 모른 채였다.

나폴레옹은 '녹색'을 유난히 좋아했다. 그런데도 그는 자신이 좋아하는 녹색이 자칫 물리기 쉽다는 생각에 자기 취향보다는 일반적인 경향에 맞추어 갈색과 흰색 위주로 집 안을 칠

하고 꾸몄다. 이 점만 보아도 그가 사랑하는 아내, 아들과 함께 사는 평범한 생활을 얼마나 간절히 바랐는지 짐작할 만하다.

그런데 간절히 기다리던 손님이 아닌 전혀 '뜻밖의 손님'이 나폴레옹을 찾아왔다. 폴란드의 연인 마리아 발레프스카가 나폴레옹과의 사이에 태어난 아들을 데리고 엘바섬으로 달려온 것이다.

먼 길을 마다하지 않고 한달음에 달려와준 연인에게 마땅히 고마운 마음이 있었을 테고 반가운 마음도 컸겠지만 나폴레옹은 사흘 만에 발레프스카와 아들을 돌려보냈다. 마리 루이즈의 눈에 띄기라도 하는 불상사가 생기면 그의 심기가 불편해질 테고 자신과의 관계에도 악영향을 미칠 것으로 판단했기 때문이다.

하지만 마리 루이즈는 엘바섬에 갈 생각이 전혀 없었다. 당시 그는 나이페르크 백작과 사랑놀이에 빠져 시간 가는 줄 모르고 지냈기 때문이다. 마리 루이즈는 잘 모르고 있었지만 나이페르크 백작은 프란츠 황제에게 비밀 지령을 받은 상태였다. '무슨 수를 써서라도 마리 루이즈가 엘바섬에 가지 못하게 하라'라는 명령이 그것이었다.

한때 유럽과 전 세계를 두려움에 떨게 했던 영웅 보나파르트 나폴레옹의 황후였던 마리 루이즈와 사랑에 빠졌다는 점으로 미루어 볼 때 나이페르크 백작은 왠지 젊고 잘생겼을 것만 같다. 하지만 사실은 그렇지 않았던 것으로 보인다. 왜냐하면 당시 나이페르크 백작은 마흔두 살 중년의 나이에 자녀가 다섯 명이나 딸린 유부남인 데다 나폴레옹 군대와의 전투에서 오른쪽 눈을 실명한 상태였기 때문이다.

검은 안대를 한 백작의 풍모는 나름대로 관록 있어 보이지만 잘생긴 외모와는 거리가 멀었다. 그러나 문무를 겸비한 백작은 처세에 통달한 사람이었다. 그는 탁월한 승마 실력에 피아노 연주에도 능숙했다. 게다가 대화를 즐겁게 이끄는 뛰어난 화술까지 갖추고 있었다.

마리 루이즈는 산책하다가 비를 피하려고 들어간 산장에서 나이페르크 백작과 몸을 섞고 만다. 그녀가 나폴레옹에게 눈물의 편지를 보내고 반년도 지나지 않은 어느 가을날의 일이었다.

그렇기는 해도 마리 루이즈가 나이페르크 백작에게 한순간 마음이 돌아설 정도로 냉정한 여인은 아니었을 것으로 보인다. 그보다는 남편 나폴레옹이 갑자기 눈앞에서 멀어지자 차츰 마음도 멀어지기 시작한 데다 권위적인 나폴레옹과 달리 자신을 진심으로 사랑하고 배려해주는 나이페르크 백작의 매력에 가랑비에 속옷 젖듯 시나브로 빠져든 게 아니었을까.

나폴레옹은 사령관처럼 권위적이고 위압적인 데다 시종일관 군림하는 태도로 여성을 대하는 남자였다.

"여자는 남자보다 머리가 나쁘고 우둔하며 사회적으로 지위도 낮으니 남편에게 순종하고 충실히 내조하는 일에 힘써야 하오."

이는 그가 여성 교육에 힘쓴 교육자 앙리에트 캉팡(Henriette Campan) 앞에서 큰소리치며 내뱉은 말이라고 한다.

나폴레옹은 여성은 남성에게 마땅히 통제당하고 관리 받아야 하는 대상이라고 믿었다. 나폴레옹이 아무리 표면적으로 사랑을 강조하고 배려심을 이야기한다고 해도 그의 여성관은 어디까지나 구시대적 의식과 행동에 머물러 있는 수준이었다.

이런 점을 고려했을 때 수준 높은 대화가 가능한 나이페르크 백작과 늘 명령만 하고 권위적인 태도로 일관하는 나폴레옹 중에서 인생의 동반자를 선택하라면 누구를 선택하겠는가? 마리 루이즈가 나폴레옹이 아닌 나이페르크 백작을 선택한 것은 어쩌면 당연한 일이지 않았을까.

죽은 지 20년이 지난 뒤에도
나폴레옹 시신이 썩지 않고
잠자는 듯한 모습을 유지한 까닭은?

나폴레옹은 유배지인 엘바섬을 탈출해 프랑스로 돌아왔다. 그는 귀국 후 즉시 황제 자리를 되찾고 부활을 도모했다. 1815년 2월 26일의 일이었다. 그러나 비참한 유배 생활로 몸과 마음이 쇠약해진 데다 운명이 걸린 워털루 전투에서 패배하면서 그의

부활 시도는 백일천하로 끝나고 말았다(정확히 말하면 95일로, 100일을 꽉 채우지 못한 어설픈 '백일천하'였다).

그 소식을 들은 마리 루이즈는 어떤 반응을 보였을까? 놀랍게도 슬퍼하거나 안타까워하기는커녕 혐오의 감정만 드러냈다고 한다. 이런 게 사람들이 말하는 '세상 인심'이라는 걸까?

1815년 10월, 다시 유배자의 신분이 된 나폴레옹은 아프리카 대륙의 먼바다에 있는 영국령 세인트헬레나섬으로 보내졌다. 이 섬에서 그는 갑자기 늙어버렸다. 위암을 앓고 있었던 데다 전반적으로 건강 상태가 좋지 못했던 점을 고려한다 해도 의아한 생각이 들 정도로 갑작스러운 변화였다.

"그의 머리는 하얗게 세고 배는 불뚝 튀어나왔으며 얼굴은 퉁퉁 부어 있었다. …… 사람들은 '나폴레옹의 생명은 한창 전쟁 중이었다'라고 말했다."

『나폴레옹 평전』에 나오는 문장이다.

3,000명에 달하는 많은 호위병과 시종, 의사, 측근을 세인트헬레나섬으로 데려간 나폴레옹은 그들에게 자신의 마지막 장면을 빠짐없이 글로 남겨달라고 요청했다. 마지막으로 눈을 감는 그 순간까지 사랑하는 아내 마리 루이즈와 아들 로마왕에게 자신을 기억하게 하고 싶었던 게 아닐까. 그러나 나폴레옹은 아내 마리 루이즈와 아들 로마왕 두 사람을 죽기 전에 만나고 싶은 자신의 소망이 이루어질 수 없음을 알고 있었던 것으로 보인다.

세인트헬레나섬에서 나폴레옹이 머물렀던 롱우드 하우스는 엘바섬의 물리니 저택과는 달리 벽지와 가구 등의 색상이 나폴레옹이 좋아하는 녹색으로 단장돼 있었다. 독특한 분위기를 자아낼 정도로 은은한 녹색으로 통일감을 주는 공간은 이제 더는 사랑하는 아내, 아들과 함께 살 수 없다는 나폴레옹의 절망을 은근히 드러내는 듯했다.

'녹색', 나폴레옹이 사랑하는 그 녹색이 그의 죽음을 앞당겼다는 사실을 알고 나면 안타까운 마음에 저절로 탄식이 흘러나온다. 롱우드 하우스는 야트막한 언덕 위에 자리하고 있는데 저택 주위를 습지가 에워싸고 있다. 한데 공교롭게도 당시 벽지와 가구에 사용한 녹색 염료가 습기에 반응해 부패한 데다 비소 가스를 방출하는 치명적인 물질이었다.

20세기에 들어서서 대대적으로 이루어진 조사에서 나폴레옹이 숨을 거둔 다음 날 채취한 머리카락에서 무려 정상인의 13배에 달하는 엄청난 양의 비소가 검출되었다. 가족이 만나러 와주지 않으니 자기 혼자서라도 마음 편히 지낼 수 있는 공간을 만들고자 했던 나폴레옹의 소박한 꿈이 참상을 불러온 것이었다.

한때 프랑스 황제로 전 유럽을 제패하고 세계를 호령하던 나폴레옹의 최후는 비참했다. 며칠 동안 딸꾹질이 멈추지 않았고 심각한 구토와 설사가 몇 시간마다 찾아오는 끔찍한 증상이 반복되었다.

운명의 날인 1821년 5월 5일, 의식이 몽롱해지며 죽음을 눈앞에 둔 나폴레옹은 의미를 알 수 없는 말을 중얼거렸다.

"프랑스, 군대, 군대의 선두, 조제핀……."

마지막까지 그는 사령관으로 남고 싶었던 걸까.

나폴레옹은 숨을 거두기 직전 자신의 심장을 마리 루이즈에게 보내달라는 유언을 남겼다. 의사들은 그의 시신을 부검했다. 그의 몸에서 심장이 적출되었고 병에 담겼다. 그리고 그의 유언에 따라 마리 루이즈에게 전해졌다. 그러나 마리 루이즈는 나폴레옹의 심장 인수를 거부했다. 결국 나폴레옹의 심장은 그의 시신과 함께 매장되었다. 프랑스 센강 부근에 묻어달라는 유언도 이루어지지 않았고 차가워진 그의 몸은 세인트헬레나섬에 묻혔다.

마침내 나폴레옹의 시신이 프랑스로 돌아왔다. 그로부터 거의 20년이 지난 1840년의 일이었다. 한데 놀랍게도 이장을 위해 무덤에서 꺼낸 나폴레옹의 시신은 거의 썩지 않고 마치 잠자는 듯한 모습이었다고 한다. 이는 그의 몸이 비소를 듬뿍 흡수한 덕분에 비소가 방부제 역할을 했기 때문이었을 것이다.

한 시대를 호령했던 불세출의 영웅은 이렇게 인간 세상에서 사라졌다.

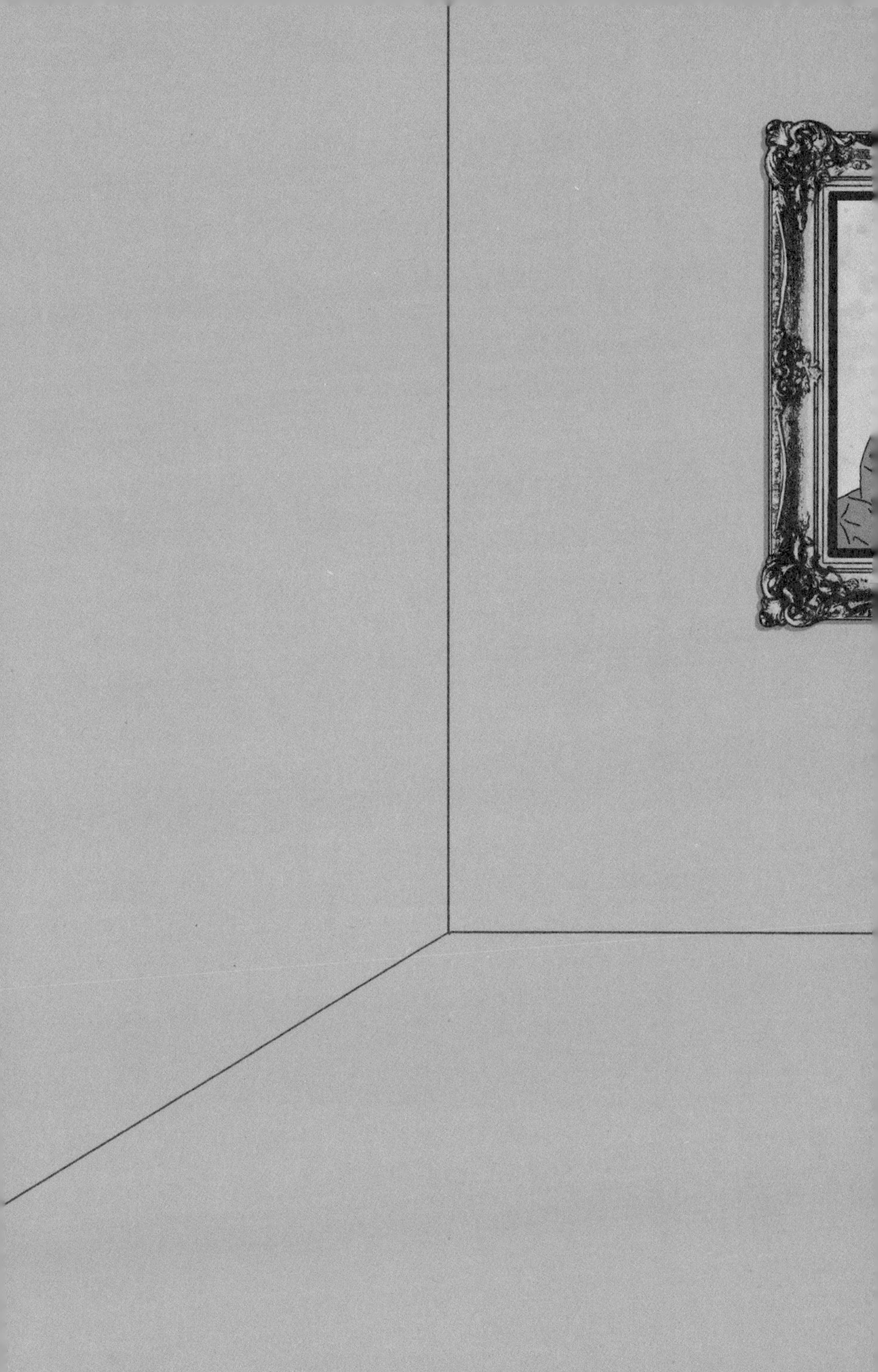

episode

03

르네상스 시대를 뒤흔든 체사레와 루크레치아 남매의 금지된 사랑

루크레치아 보르자가
'르네상스 시대를 대표하는 악녀'로 불리는 이유

풍성하고 윤기가 흐르는 아름다운 금발, 담갈색 매혹적인 눈동자, 천사를 닮은 것 같은 빼어난 미모……. 이탈리아 르네상스 시대의 대표 미인으로 유명한 루크레치아 보르자(Lucrezia Borgia, 1480~1519)의 수수께끼 같은 인생은 그의 오빠 체사레 보르자(Cesare Borgia, 1475~1507)와 뒤얽힌 기괴한 숙명으로 위태롭게 빛났다.

마키아벨리는 불후의 명저 『군주론』(1513)에서 난세에 만날 수 있는 '이상적인 군주'로 자신과 동시대 인물인 체사레 보르자를 꼽았다. 과연 그는 마키아벨리의 칭송에 합당한 인물이었을까?

체사레 보르자는 1475년에 태어났다. 그의 이름 '체사레'는 어디에서 유래했을까? 고대 로마다. 체사레는 로마의 걸출한 영웅 '카이사르'를 이탈리아식으로 읽은 이름이다. 여기서 우리는 아들에게 '카이사르'라는 이름을 지어준 교황 알렉산데르 6세(Pope Alexander VI, 재위 1492~1503)의 정치적 야심을 엿볼 수 있다(체사레가 태어났을 때 그의 아버지는 교황이 아닌 추기경 신분이었다. — 옮긴이).

루크레치아 보르자가 세상에 태어난 때는 오빠 체사레 보르자보다 5년 늦은 1480년이었다. 엄격히 말하자면 그의 오빠와 더불어 세상에 태어나지 말았어야 할 생명이 태어난 셈이었다. 가톨릭 교리에 따르면, 두 사람의 아버지 로드리고 보르자(Rodrigo Borgia, 1431~1503)는 평생 결혼이 금지된 성직자였기 때문이다.

보르자 가문에는 언제나 흉흉한 소문과 악평이 따라다녔다. 많은 이탈리아인은 보르자 가문이 막강한 권력을 장악해 제멋대로 휘두르는 상황을 참을 수 없었다. 여기에는 이 가문이 이탈리아 출신이 아닌 스페인계라는 점도 한몫했다. 그러므로 보르자가에서 종종 벌어진 수상쩍고 음흉한 분위기를 풍기는 일은 매번 사람들의 입방아에 올랐고 거센 비난의 대상이 되곤 했다.

루크레치아 보르자는 아름다운 외모와 달리 당대는 물론이고 오늘날까지 '완벽한 악녀'로 불릴 만큼 악명이 높다. 루크레치아는 자기 못지않게 외모가 출중했던 오빠 체사레나 아버지 알렉산데르 6세와 근친상간의 죄를 범했을 뿐 아니라 그들의 지시를 받아 남자들을 마음껏 농락한 뒤 반지에 숨겨둔 독으로 살해했다고 전해진다.

루크레치아와 인연을 맺은 연인이나 남편 대다수가 실제로 기묘한 죽음을 맞이했다. 나아가 보르자 가문과 관련된 많은 사람이 수상하기 짝이 없는 죽음을 맞이한 것도 분명한 사실이다.

500년도 더 지난 지금에 와서 죽음의 원인을 밝히는 것은 불가능하겠지만 당대 사람들은 그들의 죽음이 루크레치아가 보르자 집안에 대대로 전해져 내려오던 독을 사용한 결과라고 믿었다.

교황 알렉산데르 6세, 체사레와 루크레치아는 순도 백퍼센트 악인이었을까?

추기경 로드리고 보르자는 안 좋은 품행으로 교황에게 몇 번이나 호된 질책을 받았다. 그런 그가 1492년 교황을 선출하는 선거 콘클라베(Conclave)에서 승리를 거머쥐고 로마 교황 알렉산데르 6세로 즉위한다.

알렉산데르 6세는 '가톨릭 역사상 최악의 교황'으로 악명 높다. 그도 그럴 것이 그는 성직자임에도 호색한으로 이름을 떨쳤고 일상적으로 뇌물을 주고받았으며 적을 제거하기 위해서라면 살인을 포함한 모든 수단과 방법을 동원하는 악인이었다고 여겨지기 때문이다. 그는 종교 개혁 직전 '타락할 대로 타락한 로마 교회'를 상징하는 대표적인 인물이었다.

명백한 악인에 가까워 보이는 알렉산데르 6세에게 긍정적인 평가가 전혀 없는 것은 아니다. 소수 의견이기는 해도 그런 호평이 이 희대의 인물을 입체적으로 보는 계기를 마련해준다. 알렉산데르 6세에 관한 긍정적인 평가의 예를 들자면, 당시 호시탐탐 이탈리아반도를 노리던 프랑스 등 외국 세력을 물리치고자 힘쓰는 과정에 그가 선악의 개념을 초월하여 행동했다는 주장이 그것이다. 말하자면 그의 행위를 이탈리아를 위한 애국심의 발로로 해석한 것이다. 이러한 평가를 내리는 이들은 그 연장선에서 알렉산데르 6세의 아들 체사레 보르자의 권력 장악과 행사 과정에 관해서도 비슷한 주장을 내놓는다.

루크레치아 보르자도 피는 속일 수 없는 법인지 아버지, 오빠와 마찬가지로 자신의 목적을 이루기 위해서라면 아무리 끔찍한 일이라도 망설임 없이 저질렀다. 그렇다고 해서 세상에 알려진 것처럼 그가 순도 백퍼센트 악인이었다고 보기는 어렵지 않을까. 어떤 면에서는 오히려 평범하고 착한 심성의 여인이 아니었을까 짐작하게 하는 사료도 적잖이 남아 있기 때문이다. 그러나 어떤 이유를 들이대든 자신이 사랑했거나 결혼해서 가정을 꾸린 남자들을 아버지와 오빠를 도와 살해했다는 점에서 악인의 혐의를 벗기는 어렵다고 본다.

루크레치아는 왜 그런 선택을 했을까? 단정할 수는 없지만 지나치게 카리스마 넘치고 개성이 강한 아버지 알렉산데르 6세와 오빠 체사레 보르자에게 막대한 영향을 받았을 뿐 아니라 일종의 세뇌를 당해 자기 스스로 냉철히 판단하고 주체적으로 행동하지 못한 탓이 아닐까 하는 의문이 생긴다.

끝도 없이 이어지는
루크레치아 주변 남자들의 연쇄 의문사

소녀 시절 루크레치아 보르자는 아버지, 오빠와 떨어져 수도원에서 생활했다. 한때 맑고 투명했던 루크레치아의 운명이 어둡고 서늘한 색으로 물들기 시작한 것은 조반니 스포르차(Giovanni Sforza)와 정략결혼을 하게 되면서부터였다. 그의 나이 열세 살의 일이다.

루크레치아의 아버지 알렉산데르 6세는 교황 선거 때 밀라노의 명문 귀족 스포르차가문에 크게 신세를 진 일이 있었다. 애초 알렉산데르 6세는 루크레치아와 스포르차가문의 남자를 결혼시킴으로써 양쪽 집안의 동맹이 강해지기를 원했다. 그러나 알렉산데르 6세는 루크레치아가 스포르차가문에 시집간 지 4년도 지나지 않아 제멋대로 '딸의 정략결혼'이라는 중요한 정치적 패를 거두어들이기로 한다. 이유가 뭐였을까? 그 짧은 기간에 스포르차가문의 정치적 영향력이 크게 약해졌기 때문이다.

1497년, 알렉산데르 6세는 루크레치아 보르자와 조반니 스포르차의 '결혼 무효'를 선언했다. 추기경 회의석상에서 '성적 무능자'라고 낙인찍힌 조반니는 이혼을 강요당한다. 그 주장이 전혀 사실이 아니었으므로 조반니 스포르차는 크게 격분했다. 조반니도 순순히 당하고만 있을 인물은 아니었다. 그는 '루크레치아가 그의 아버지, 오빠와 근친상간 죄를 저질렀다'고 고발했다.

기록에 따르면, 그 무렵 이미 체사레 보르자는 조반니를 암살할 치밀한 계획을 세워두고 있었다고 한다. 그의 아버지 알렉산데르 6세의 명을 받고 행동에 옮긴 것이었다. 그런데 체사레의 계획을 눈치챈 루크레치아가 남편 조반니에게 귀띔해주어 서둘러 도망치는 바람에 가까스로 목숨을 건졌다고 전해진다. 이 사건의 진위는 알 수 없지만 체사레가 동생 루크레치아에게 유난히 집착한 것이 이 즈음부터라는 점만은 분명해 보인다.

루크레치아는 다시 수도원에 들어간다. 1497년 6월의 일이다. 그 즈음 교황 알렉산데르 6세의 또 다른 아들 후안 보르자(Juan Borgia, 2nd Duke of Gandía)가 누군가에 의해 끔찍한 죽음을 당하는 사건이 벌어진다. 한데 희한하게도 교황은 살인범을 검거하기 위한 수사를 서둘러 중단시킨다. 게다가 이후 그의 행동에는 이상한 점이 한두 가지가 아니었다. 후안의 장례식장에서는 죽은 아들의 이름을 부르며 울부짖고는 이후 언제 그랬냐는 듯 감정의 동요 없이 침묵을 지키는 등 부자연스러운 행동이 여러 번 눈에 띄었다. 그러자 동생 루크레치아를 놓고 두 형제가 다투다가 홧김에 체사레가 후안을 죽였다는 소문이 돌기 시작했다.

이듬해인 1498년 3월 16일, 열여덟 살의 루크레치아는 수도

원에서 임신을 하고 아들을 낳는 기막힌 스캔들을 일으킨다. 루크레치아가 낳은 아이는 '로마의 아들(Infans Romanus)'이라는 별명으로 불리다가 나중에 '조반니'라는 이름을 얻었다. 아이의 아버지는 알렉산데르 6세가 고용한 심부름꾼으로 알려졌는데 얼마 후 강에서 시체로 발견되었다. '루크레치아의 명예를 훼손했다'라는 죄목으로 체사레에 의해 살해되었다는 소문이 떠돌았다.

체사레 보르자는 왜 자신의 심복 부하를 처형한 뒤 시신을 광장에 버렸을까?

1498년 한 해 동안 루크레치아를 놀라게 하는 일이 여러 번 일어났다. 그중 하나는 오빠 체사레 보르자가 갑작스럽게 군에 입대한 일이었다. 체사레는 당시 추기경으로 아버지 알렉산데르 6세의 핵심 측근으로 일하고 있었는데, 그 자리에서 물러나 '발렌티누아 공작'이라는 이름으로 군대의 요직에 기용된 것이었다.

군대를 통솔하게 된 체사레 보르자는 용병을 이끌고 승승장구하며 파죽지세로 로마 교황령을 확대해갔다. 그의 궁극적인 목표는 이탈리아 통일을 달성하는 것이었다. 군인 체사레 보르자가 세운 공적은 그야말로 대단했다. 특히 그는 유럽을 통틀어 가장 풍요로운 땅으로 여겨지는 이탈리아 중북부 로마냐 지방을 3년 만에 공략하여 교황령으로 만드는 데 성공했다. 덕분에 교황은 더욱 막강한 권력을 손에 쥐고 좀 더 확실한 권위를 인정받게 되었다.

교황의 권력이 막강해졌음은 교황을 중심으로 이탈리아가 하나로 통합될 가능성이 좀 더 높아졌음을 의미하는 일로 받아들여졌다. 여러 명의 군주가 제각각 독립 국가를 다스리던 당시의 이탈리아는 한편으로 자유로우면서 다른 한편으로는 제대로 힘을 합하지 못해 국력을 키우기 어려웠고 다른 나라의 침략을 받을 위험성도 컸다.

체사레 보르자는 어떻게 '이탈리아 통일'이라는 그토록 원대한 목표를 세웠을까? 이는 체사레의 특수한 신분에서 비롯되는 측면이 있다고 본다. 즉, 그는 현직 교황이라는 '전 세계 가톨릭의 정신적 지주'를 아버지로 둔 특수한 존재였다. 그런 그는 다른 누구보다 카리스마를 마음껏 발산할 수 있었음은 물론이고 이탈리아 통일을 향한 목표 의식도 분명했던 것으로 보인다.

군인이 된 체사레 보르자는 무자비한 폭력과 공포 정책으로 민중을 꼼짝 못하게 했다. 일테면 이런 식이었다. 체사레는 자신의 심복 부하이던 라미로 데 로르카(Ramiro de Lorca)라는 인물을 죽인 뒤 시체를 두 조각내어 광장에 버렸다. 1502년 12월 26일 일어난 사건이었다. 그는 왜 자신이 신임하던 부하를 그토록 끔찍하게 처형했을까?

라미로는 체사레 보르자가 무력으로 빼앗은 로마냐 공국의 실질적인 통치를 담당하는 인물이었다. 체사레는 로마냐의 민중 저항과 봉기를 효과적으로 분쇄하고 무력화하기 위해서라면 어떠한 형태의 잔혹 행위를 동원해도 좋다고 허락했다. 그 결과 짧은 시간 안에 로마냐의 치안이 평정되었으나 민중은 라미로와 그의 부하들을 증오했다. 이에 체사레는 자신의 충실한 심복 라미로를 조금도 망설이지 않고 토사구팽(兎死狗烹)해버렸다. 라미로가 자신의 명령을 충실히 이행한 덕분에 민심은 안정되었으나 민중의 분노와 증오는 사그라지지 않았으므로 라미로를 처단함으로써 민심의 물길까지 자기 쪽으로 돌려놓은 것이다. 이는 마키아벨리가 『군주론』에서 군주가 갖춰야 할 덕목과 구체적인 사례로 든 일화이자 명백한 역사적 사실이다.

오빠 체사레의 '완전한 도구'가 되는 것을 오히려 즐긴 루크레치아

1498년, 루크레치아의 다음 결혼 상대가 결정되었다. 상대는 나폴리 국왕의 서자 아라곤의 알폰소(Alfonso of Aragon, 1481~1500) 공작이었다. 루크레치아의 결혼 상대를 정한 사람은 오빠 체사레 보르자였다. 비록 정략결혼이었지만 루크레치아는 자신보다 몇 살 어린 남편과의 관계가 만족스러웠다. 그러나 그 행복도 오래가지는 못했다. 오빠 체사레에 의해 철저히 파괴되었기 때문이다.

루크레치아의 남편 알폰소는 보르자 가문에게 반역을 의심받아 괴한들의 공격을 받고 치명적인 중상을 입었다. '마음에 들지 않는 인물은 사람들에게 의심받게 한 뒤 죽인다.' 이는 보르자 가문이 오랫동안 사용해온 정적을 제거하는 방법이었다. 그러므로 알폰소가 실제로 반역을 꾸몄는지 진위는 알 수 없다.

루크레치아의 헌신적인 간호로 알폰소는 목숨을 건졌을 뿐 아니라 차츰 건강을 회복했다. 그러던 중 알폰소는 혼자서 정원을 산책하다가 체사레를 발견하고는 치밀어 오르는 분노를 참지 못하고 발작적으로 화살을 날렸다.

실익은 없이 체사레에게 빌미만 제공한 셈인 알폰소는 다시 몰래 침입한 괴한의 손에 자기 침대 위에서 목이 졸려 죽었다. 루크레치아가 잠깐 자리를 비운 사이에 일어난 사건이었다. 사랑하는 남편이 비참하게 죽은 사실을 알고 루크레치아는 비통해했으나 얼마 후 자신을 찾아온 체사레에게 달려가 몸을 끌어안았다고 한다. 이런 그의 행동을 어떻게 해석해야 할까?

많은 역사가가 체사레 보르자와 루크레치아 보르자의 관계를 논하며 '흔한 연애 감정은 아니었다'라고 주장한다. 그렇다면 그 관계를, 그리고 그들 사이를 감싼 그 기묘한 감정을 어떻게 규정해야 할까? 두 사람의 관계가 과연 어떠한 것이었는지 증명해주는 명백한 사료가 남아 있지 않으므로 단정적으로 말할 수는 없지만 결국 그것은 일종의 '사랑'이었다고 말할 수밖에 없지 않을까.

루크레치아에게 체사레는 어떤 존재였을까? 아마도 숭배의 대상, '신'과 같은 존재가 아니었을까? 그랬기에 그 신적인 존재가 지시하는 일이라면 그것이 무엇이든 거절할 수 없고, 그가 아무리 납득할 수 없는 일을 저질러도 이해해야만 하며, 그로 인해 겪는 고통은 '신이 준 시련' 같은 것으로 받아들이지 않았을까? 그 연장선에서 루크레치아는 체사레의 잔학무도한 행위를 의심하거나 불평하지 않고 무조건 믿고 따라야 한다고 여겼을 것이다.

어쩌면 두 사람은 자신들이 '근친상간'이라는 세간의 단어가 주는 이미지를 훨씬 뛰어넘는 매우 특수한 '사랑'의 세계에 살고 있다고 믿었을 수도 있다. 연애란 서로 다른 피를 가진 타인이 '한 가족'이 되기 위해 겪는 과정에서 일어나는 일이다. 하지만 본래 같은 피를 물려받은 혈육인 체사레와 루크레치아에게 그런 거추장스러운 과정은 필요 없는 셈이었다. 어쩌면 루크레치아는 자신이 흠모하고 사랑하는 오빠의 '도구'가 되는 일에, 아니 동생인 자신만이 그의 완전한 도구가 될 수 있다는 사실에 오히려 기뻐한 것은 아니었을까.

수많은 정적을 죽인 보르자 집안의 독약 '칸타렐라'에 역으로 당한 알렉산데르 6세와 체사레

1502년, 루크레치아는 아버지 알렉산데르 6세의 명으로 또다시 결혼했다. 상대는 이탈리아를 대표하는 명문 귀족 에스테가의 적장자 알폰소 1세(Alfonso I d'Este) 페라라 공작이었다. 그러나 이번에는 체사레가 개입하지 않았고 덕분에 루크레치아가 죽을 때까지 두 사람의 결혼 생활은 무사히 이어졌다.

하지만 루크레치아의 귀에까지 그의 아버지 알렉산데르 6세를 '연쇄 살인범'으로 비난하는 목소리가 들려왔다. 그 무렵, 교황청의 추기경 몇 명이 의문사를 당하는 일이 발생했다. 그러자 교황이 자신에게 대적하는 추기경들을 또다시 독살하고 그들의 재산을 몰수했다는 소문이 삽시간에 퍼져나갔다.

1503년 8월 5일, 놀라운 소식이 들려왔다. 아드리아노 카스텔레시 다 코르네토 추기경의 연회장에 초대된 알렉산데르 6세와 체사레가 독을 마시는 충격적인 사건이었다. 한데 그 두 사람이 명백한 피해자였음에도 민심은 싸늘하기만 했다. 사람들은 두 부자가 코르네토 추기경을 독살하려고 가지고 간 보르자 집안의 독약 '칸타렐라(cantarella)'를 실수로 자신들의 컵에 넣은 게 분명하다고 수군거렸다.

알렉산데르 6세는 그로부터 약 2주 뒤인 8월 18일에 사망했다. 독 때문인지 시체는 곧바로 부패하기 시작했다. "인간의 모습이라고 생각하기 어려울 만큼 심하게 부풀어오른" 교황의 시체가 로마에서 공개되었다. 민중은 열광했다. '수많은 사람을 독살한 교황이 결국 인과응보로 자신도 독으로 사망했으니 꼴좋다'라며 조롱하고 통쾌해했다.

체사레는 자기 아버지처럼 곧바로 죽지는 않았지만 아름답고 야성적인 용모는 온 데 간 데 없이 사라지고 머리카락도 수염도 다 빠져 흉측한 얼굴이 되었다고 한다. 그럼에도 체사레 보르자는 이탈리아 통일의 야망을 달성하기 위해 재기를 도모한다. 하지만 그것은 그의 욕망일 뿐 현실은 녹록하지 않았다. 현직 교황이라는 가장 강력한 조력자를 잃은 데다 몸 상태도 말이 아닌 상태에서 그는 포박되었고 산탄젤로성에 감금되었다. 이후 그는 스페인으로 추방되어 라 모타 요새에 이감되었으나 극적으로 탈출하여 나바라 왕국에 몸을 의탁했다. 그곳에서 그는 총사령관에 임명되어 다시 한 번 재기를 노렸으나 반란군을 진압하는 과정에 수십 군데 상처를 입고 전사했다. 1507년 3월의 일이다.

루크레치아에게 체사레의 사망 소식이 전해졌을 때 그는 임신 중이었다. 처음엔 그가 큰 충격을 받을 것을 염려하여 '부상당했다'라고 전했으나 그럼에도 충격이 적지 않았다. 얼마 지나지 않아 체사레가 죽었다는 사실을 알게 된 루크레치아는 비통함에 몸부림치며 괴로워했다.

얼마 지나지 않아 루크레치아는 귀족 아내로서의 일상으로 되돌아갔다. 그로부터 12년 후 루크레치아는 남편과의 사이에 자녀를 몇 명 더 낳다가 난산이 원인이 되어 사망했다. 당시 그의 나이 서른아홉 살이었다.

15세기 후반에서 16세기 전반 르네상스 시대의 이탈리아인들을 때론 충격과 공포에 떨게 하고 때론 분노에 떨게 했던, 이 세상에 태어나지 말았어야 했을 두 남매이자 '독특한 연인'은 그렇게 허망하게 사라졌다.

episode

04

프랑스 역사상 가장 '음란한 왕비'로 악명을 떨친 마고

이 책을 읽는 독자 여러분은 16세기에 프랑스는 물론이고 전 유럽을 떠들썩하게 만들었던 마르그리트 드 발루아(Marguerite de Valois, 1553~1615)라는 이름을 들어보았는지 궁금하다. 그는 프랑스 역사상 가장 '음란한 왕비'로 오늘날까지 악명 높은 인물이다.

어쩌면 다행스러운 일인지 모르겠지만 발루아를 그린 초상화가 여러 장 남아 있어 우리는 그가 어떤 용모와 인상을 지녔는지 대략적으로나마 알 수 있다. 그 초상화에서 공통으로 발견되는 것은 하얀 피부색, 큰 쌍꺼풀을 지닌 눈매, 도톰한 입술, 불안한 표정이다. 아무튼 한눈에 보기에도 미인이라고 할 만한 외모다. 그런 그의 미모는 '남자를 파멸시키는 도구'로서의 역할을 충실히 해낸 것으로 보인다. 타고난 섹시함 때문이었을까. 많은 남자가 그에게 매혹되어 스스로 자기 인생을 파멸로 이끌었다.

그 남자 중에는 놀랍게도 그의 세 오빠도 포함되어 있었다. 그들은 동생인 발루아에게 그야말로 푹 빠져 있었다. 우리에게 마르그리트 드 발루아는 '왕비 마고(La Reine Margot)'라는 호칭으로 더 유명한데, 이 이름을 붙여준 이도 그 오빠들 중 한 명이었다.

마고에게 '음란한 본성'이 처음 싹튼 때는 언제였을까?

1553년 5월 14일, '마고'는 프랑스 왕 앙리 2세(Henri II, 재위 1547~1559)와 왕비 카트린 드 메디시스(Catherine de Médicis, 1519~1589)의 딸로 태어났다.

마고의 내면에 '음란한 본성'이 싹트고 꿈틀대기 시작한 때는 언제부터였을까? 여러 기록으로 미루어볼 때 오늘날 기준으로 아직 초등학생 나이인 열한 살 즈음이었던 것으로 추정된다. 놀랍게도 이때 그는 '어른의 사랑'을 알고 있었다고 한다. 자세한 내용까지는 알 수 없지만 일설에 따르면 그때 마고는 이미 여러 명의 애인을 두었다고 전해진다. 그 자신도 『회고록(Mémoires)』에서 자신이 "방탕한 여자였다"라고 인정한 바 있다.

마고에게는 한 부모에게서 태어난 세 오빠가 있었으며 그중 마고에게 가장 집착한 사람은 앙리 3세(Henri III, 재위 1574~1589)였다. 그는 프랑스 역사상 민중에게 가장 인기 없는 국왕으로 당대는 물론이고 오늘날까지 유명하다. 그는 지나치게 자유분방한 마고의 남성 편력을 두고 쉴 새 없이 잔소리했다고 하는데, 이는 동생에게 근친상간의 감정을 품고 있었기 때문으로 보인다. 마고는 『회고록』에 자신을 향한 오빠의 이러한 감정을 인정하는 글을 남겼다.

같은 패거리 세 명(발루아가의 세 왕자)이 들끓는 욕망에 사로잡혀 온갖 행패를 부리며 최초로 만난 획득물(마고)을 손에 넣으려는 야단법석의 난동을 부린 끝에 두 비열한 연놈(앙리 3세와 마고)은 근친상간의 정사를 멈추지 않았다는 사실에 조금도 의심의 여지가 없다.

이는 훗날 마고의 남편이 된 앙리 드 나바르(Henri de Navarre, 이후 프랑스 왕 앙리 4세(Henri IV), 재위 1589~1610)의 가신(家臣) 중 한 명이 쓴 시다. 발루아 왕가를 증오한 그는 '마고의 첫 상대가 앙리 3세였다'라는 악의에 찬 소문을 퍼뜨린 장본인으로 받아들여진다.

그리스도교 윤리의 관점에서 근친상간은 가장 악한 행위이며 용서받을 수 없는 죄악이다. 그러므로 마고와 오빠들의 근친상간 문제를 발루아 왕가를 비방하려는 중상모략으로 보는 시각도 있다. 실제로 그들의 관계에 관한 지나친 억측으로 가득해서 온전히 신뢰하기 어려운 문서가 다수 존재하는 것도 사실이다. 그러나 발루아 왕가에서는 이러한 유언비어에 정면으로 대응하고 반론을 제기하는 일을 되도록 피할 수밖에 없었던 것으로 보인다. 악의를 가지고 덤벼드는 이들과 같은 싸움판에 서는 순간 일파만파 파장이 커지고 걷잡을 수 없이 꼬리에 꼬리를 물고 나쁜 소문이 퍼져나갈 것이 불을 보듯 뻔했기 때문이다.

몸에서 견디기 힘든 악취가 나는 남자와의 사랑 없는 결혼

과연 마고는 악의적인 선동과 소문의 억울한 희생자였을까? 글쎄, 정확한 사정을 알 수는 없으나 그렇지는 않았던 것으로 보인다. 마고가 '음탕한 여자'라는 평가에는 사실 반론을 제기하기 어려울 만큼 명백한 정황 증거가 있다. 그중 하나는 그의 부적절한 품행이 성장함에 따라 더욱더 심해지고 노골화되었다는 점이다.

열여덟 살이 된 마고와 사랑에 빠진 이는 세 살 연상의 사촌 기즈 공작(Duc de Guise, 1550~1588)이라는 금발의 미남이었다. 욕정에 불타는 두 사람은 격렬한 사랑을 나눴는데, 루브르궁 복도에서 벌인 적나라한 애정 행각이 목격되면서 국왕이 된 마고의 오빠 샤를 9세(Charles IX, 재위 1560~1574) 앞으로 민원이 쇄도했다. 이 일로 마고는 징계 처분을 받고 기즈 공작과 헤어지게 된다.

1572년, 열아홉 살이 된 마고에게 신랑감이 정해졌다. 왕가와 먼 친척뻘인 앙리 드 나바르라는 인물이 마고의 평생 반려자로 낙점되었다. 그의 키는 남자치고는 상당히 작은 편인 164센티미터에 지나지 않았으나 나름대로 귀엽고 호감 가는 인상이었다.

나바르 가문은 마고를 내세운 프랑스 왕가의 청혼이 달갑지 않았다. 나바르 가문은 프랑스 프로테스탄트의 한 종파인 위그노파의 지도자적 존재로서의 위상을 갖고 있었다. 그런데도 프랑스 국왕 앙리 2세와 카트린 왕비는 결혼 조건으로 앙리 드 나바르가 가톨릭으로 개종할 것을 요구했다. 게다가 마고를 둘러싼 흉측한 소문이 무성했고 세간의 평판도 좋지 않았다. 하지만 국왕 부부, 그중에서도 특히 카트린 왕비는 무리하게 혼담을 추진했으며 결국 앙리는 울며 겨자 먹기식으로 가톨릭으로 개종해야 했다.

마고도 앙리와의 결혼을 그리 달가워하지는 않았다. 아무리 많은 사람과 거침없이 사랑을 나눠왔다고 해도 남자라면 누구든 좋다는 의미는 아니지 않았을까. 그렇다면 마고는 왜 앙리를 마음에 들어 하지 않은 걸까? 앙리의 용모가 시골스러웠던 이유도 있지만 그의 몸에서 나는 냄새가 고약했기 때문이라고 한다. 이에 관해 마고는 훗날 『회고록』에서 솔직한 심경을 밝혔다.

마고는 가톨릭 신자였기 때문에 당시의 관습과 제도에 따르면 일단 결혼하면 이혼하기가 거의 불가능하다. 그런 까닭에 결혼식 도중 "앙리와의 결혼을 받아들이겠습니까?"라는 사제의 질문에 그는 대답하지 않았다. 그런 마고의 행동에 속을 끓이던 오빠 샤를 9세가 뒤에서 마고의 목덜미를 때려 억지스럽지만 고개를 끄덕이는 것처럼 보이게 해서 겨우 예식을 진행해야 할 정도였다.

끔찍한 학살 현장으로 변해버린 마고와 앙리 드 나바르의 결혼식장

마고의 어머니 카트린 드 메디시스는 악명 높은 '성 바돌로매 축일의 학살(Massacre de la Saint-Barthélemy)'을 일으킨 장본인이다. 성 바돌로매 축일의 학살은 가톨릭 광신자로서 그의 면모를 유감없이 보여준 사건이었다. 이는 앙리와 마고의 결혼식이 치러진 지 6일 후인 1572년 8월 24일의 일이었다.

마고와 앙리 드 나바르의 결혼을 축하하기 위해 수많은 위그노파 교도가 파리를 방문했다. 카트린은 그 장면을 지켜보면서 위그노파 사람들을 단번에 제거할 수 있는 절호의 기회라 여기고 끔찍한 학살을 실행에 옮겼다. 이는 그야말로 광기 넘치는 행위였다. 대중은 두 사람의 결혼이 '저주받은 결합'임을 누구나 인지했다.

파리 시내에는 위그노파와 가톨릭 양측의 시체가 여기저기 널브러져 있었고 피가 강물처럼 흘러넘쳤다. 파리에서 시작된 폭동은 산불처럼 지방으로 번져나가 수만 명의 목숨을 앗아갔다.

앙리 드 나바르는 루브르궁에 유폐되었다. 그가 위그노파의 지도자로 복귀할 것을 염려한 조처였다. 그는 1년 뒤인 1573년에야 가까스로 도주에 성공했다.

이렇듯 엄청난 우여곡절을 겪으면서 결혼한 마고와 앙리는 모두의 예상대로 서로 맞지 않았다. 두 사람 모두 공공연히 연인을 사귀고 만났다. 두 사람은 어디까지나 왕족으로서의 본분을 다하고자 결혼식이라는 형식적 절차를 밟은 것뿐이었다. 그래서였는지 마고는 『회고록』에서 "내가 남편을 질투하다니 참 기가 막혔다"라고 여러 번 반복해서 주장한다. 마고는 정말 남편 앙리 드 나바르에게 남자로서의 매력을 전혀 느끼지 못했던 걸까?

마고가 참수된 연인 라 몰의 입에 키스했다는 소문은 사실일까?

마고의 도가 지나친 자유분방함을 어떻게 받아들여야 할까? 알렉상드르 뒤마(Alexandre Dumas, 1802~1870)의 책 『왕비 마고(La Reine Margot)』(1845)에는 마고가 정조 관념이 이상해지고 극단적인 일탈 행위를 서슴지 않게 된 원인을 짐작하게 하고 뒷받침해주는 일화가 등장한다. 그 일화를 근거로 생각해보면 마고가 마지막 연인 라 몰(Joseph Boniface de La Môle, c. 1526~1574) 등의 미남 연인과 억지로 헤어져야 했을 뿐 아니라 연인들이 죄를 뒤집어쓰고 죽임을 당하는 비극적인 일을 경험했기 때문일 수도 있다.

소설 속 일화는 과연 근거 있는 이야기일까? 그렇지는 않은 것으로 보인다. 이는 상당 부분 뒤마의 상상력에서 나온 '창작'

....
CHU♡

에 지나지 않는다.

마고의 연인 라 몰은 실제로 극심한 정치 투쟁에 휘말려 그레브 광장에서 참수되었다. 1574년 4월 마지막 날의 일이었다. 사형 직후 그의 사체는 갈기갈기 찢겨 파리 시내에 버려졌고 구경거리가 되었다.

용감하다고 해야 할지 무모하다고 해야 할지 모르겠지만 마고는 한밤중에 야음을 틈타 라 몰의 목을 찾아 헤맸다. 결국 그는 몸과 분리된 연인의 목을 찾았고 차갑게 식은 입술에 입맞춤했다. 이후 그는 라 몰의 목을 방부처리해서 작은 서랍장에 넣어두고 한동안 보관하다가 몸소 몽마르트르 묘지의 흙을 파고 묻어주었다고 한다.

독자 여러분은 죽은 연인 라 몰을 향한 마고의 행위를 어떻게 생각하는가? 그가 아무리 음란하고 방탕한 여인이었다고 해도 그 행위는 나름대로 숭고하다고 인정해줄 만하다고 생각하는가? 그 생각에 일정 부분 나도 동의한다. 그러나 좀 더 세밀히 역사적 사실을 짚어가다 보면 그런 마음도 봄눈 녹듯 사라지는 기분이 든다.

끔찍이도 사랑했던 연인 라 몰이 비참한 죽음을 당한 뒤 마고가 숙연하게 지낸 기간은 고작 며칠밖에 되지 않았다. 일주일쯤 뒤 그는 오빠 앙리 3세의 충신 프랑수아 데스피네 드 생뤽(François d'Espinay de Saint-Luc)을 침대 위에 쓰러뜨렸다. 그러고는 곧바로 싫증이 나서 다른 귀족 남자를 유혹해 육체관계를 맺었다. 이런 사실로 볼 때 마고의 인생에서 라 몰 정도의 연인은 사실 그다지 특별하지 않은 축에 속했던 게 아닐까 싶다.

마고는 금방 사랑에 빠지고 마는 유형이었던 것으로 보인다. 그래서 많은 남자와 쉽게 육체관계를 가지고 또 금방 싫증을 느꼈을 것이다. 어쩌면 마고는 불타는 듯 뜨겁고 정열적인 육체를 가졌지만 마음은 불감증이었던 게 아닐까. 그 탓에 한 사람과 오래 사랑을 지속하지 못한 것일 수도 있다.

남편이 왕위에 오르고 자신도 왕비가 되었으나 '바르지 못한 품행'이 문제되어 위송성에 유폐된 마고

이제부터 냉혹한 현실 이야기를 해보자.

마고의 남편 앙리 드 나바르는 새로운 프랑스 국왕의 자리에 오르게 된다. 프랑스 왕 앙리 4세가 탄생한 것이다. 아무리 사랑 없는 결혼으로 허울만 부부였다고 해도 앙리가 왕의 자리에 올랐으니 마고도 당연히 프랑스 왕비가 되었다. 말도 많고 탈도 많았던 발루아 왕조가 막을 내리고 바야흐로 부르봉 왕조가 탄생한 것이다.

그러나 마고는 이미 앙리가 왕위에 오르기 전 '바르지 못한 품행', 즉 남자 문제를 죄목으로 프랑스 중부 오베르뉴 지방에 있는 위송성에 유폐된 상태였다. 왕비가 된 뒤에도 그의 유폐는 풀리지 않았다. 그리고 얼마 후 이혼으로 이어졌는데, '자녀를 낳지 못한다'라는 것이 사유였다. 이는 두 사람이 울며 겨자 먹기식으로 결혼한 지 27년 후인 1599년의 일이었다.

1600년 앙리 4세는 마리 드 메디시스(Marie de Médicis, 1575~1642)와 재혼했고 그 이듬해에 간절히 기다리던 왕자를 얻었다. 그 왕자가 바로 태양왕 루이 14세의 아버지 루이 13세다.

마고가 자유의 몸이 될 수 있었던 때는 그로부터 좀 더 시간이 지난 1604년이었다. 그녀는 위송성에 유폐되어 있는 동안 신분의 높고 낮음에 관계없이 그곳에서 만나는 남자들을 통해 마음껏 욕정을 채웠다. 그러므로 그의 유폐 생활이 사람들이 생각하는 대로 불행한 일만은 아니었을 수도 있지 않을까 하는 생각이 들 정도다.

그는 생애 마지막 순간까지 신분을 초월한 많은 연인과 끝도 없이 정사를 했다. 그러나 '운명적 사랑'이라고 부를 만한 사랑은 마지막 순간까지 없었고 아이도 태어나지 않았다.

마고는 예순두 살에 사망했는데, 자신의 막대한 재산을 친아들처럼 귀여워했던 루이 13세에게 상속했다.

episode

05

성욕의 포로가 되어
끔찍한 최후를 맞은
명나라 황제 가정제

인간의 행복은 영원불변하지 않으며 저마다 태어난 시대(시간)와 장소(공간)에 따라 좌우된다. 독자 여러분이 누구나 흠모할 만한 빼어난 미모를 타고났다고 상상해 보자. 그러나 운 나쁘게도 그 시간과 장소가 하필 명나라 11대 황제 가정제(嘉靖帝, 재위 1521~1567)가 통치하는 중국이었다면 당신의 아름다움은 오히려 불행의 원천이 되었을 가능성이 크다. 아니, 단순한 행 · 불행의 차원을 넘어 당신의 인생은 지옥으로 끝났을지도 모를 일이다.

명나라 황제 가정제는 왜 독약에 가까운 '미약'에 탐닉했을까?

1368년, 그때까지 거대한 중국을 지배하던 몽골족의 원나라가 멸망하고 한족이 세운 명나라가 시작된다. 지금 베이징에 버티고 서 있는 위대한 건축물 자금성을 만든 것이 바로 명나라다. 바로 이 시대에 벌어진 일이 우리의 벌어진 입을 다물지 못하게 한다. '그 일'을 자세히 살펴보기 전에 잠시 곁길로 빠져서 '의약' 이야기를 해보자.

현대 중국에서는 의약을 다루는 학문, 즉 '본초학(本草學)'이 각광받는다. 중국에서 약이라고 하면 뭐니 뭐니 해도 '한방약'이다. 한데 그 놀라운 발전의 뒤안길에서 끔찍한 약도 버젓이 만들어지고 있었다.

명나라 시대의 중국 의학은 불로불사의 신선을 모시는 종교인 도교에 바탕을 두고 있었다. 도교에서는 성행위 하나하나에도 불로불사로 통하는 신비한 효험이 있다고 여겼다. 그래서였을까. 명세종(明世宗) 가정제는 미약(媚藥, 성욕을 일으키는 약 — 옮긴이)을 제조해서 마시며 후궁·궁녀들과 성적 놀음에 탐닉했다.

그런데 가정제와 후궁·궁녀들이 즐겨 마신 미약은 놀랍게도 '독약'에 가까웠다. 명나라 이시진(李時珍)이 지은 『본초강목(本草綱目)』(1590)에 따르면 미약의 재료는 오줌, 사람의 젖과 피, 정액, 음모, 사람의 간, 탯줄, 미라 등이었다고 한다. 그리고 여기에 더해 가장 중요하고 진귀한 재료로 여겨진 여성의 생리혈이 포함되었다. 미약을 제조하는 사람들은 젊고 아리따운 처녀의 생리혈을 가장 귀하게 여겼다. 그중에서도 특히 미소녀의 초경부터 두 번째까지의 생리혈을 최고 상품으로 여겼다.

이 진귀한 생리혈과 수은을 섞은 것을 주성분으로 해서 만든 '홍연환(紅鉛丸)'이 당대 최고 미약으로 인정받았다. 현대인의 눈에는 온통 기괴하고 유해한 성분만 담은 약이지만 가정제는 마치 마약중독자처럼 끊임없이 이 약을 갈구했다.

열서너 살 미소녀 300~400명을 강제로 연행하여 '생리혈 목장'을 만든 엽기적 행각

이 괴이한 약을 만드는 것은 궁정의 의사들이 아니라 당시 가정제가 심취했던 도교 도사들의 일이었다. 도사들이 홍연환을 제조하기 무섭게 먹어치우면서도 가정제는 "더 먹고 싶다고! 좀 더 많이 이걸 만들어!"라며 채근했다고 한다. 그런 황제를 위해 중국 전역에서 선발된 열서너 살 미소녀 300~400명이 강제로 연행되었다. 기가 막히게도 그 소녀들을 잡아다가 자금성 안에 '생리혈 목장'을 만든 것이었다.

그 소녀들에게 주어지는 식사는 뽕나무 잎뿐이었다. 그들은 누에 취급을 받으며 물조차 충분히 마시지 못한 채 괴로운 삶을 이어가야 했다. 그들이 마실 수 있는 물이라고는 아침 이슬을 조심스레 모은 것 정도였다. 이 끔찍한 환경에서 그들은 몸을 '정화'하며 첫 월경의 날을 기다렸다.

앞에서 "열서너 살 미소녀 300~400명이 강제로 연행되었다"라고 말했는데, 이 불명확한 숫자에도 뭔가 불길한 기운이 스며 있다. 왜냐하면 그 '정화' 기간에 상당히 많은 수의 소녀가 죽거나 미쳐버려 쥐도 새도 모르게 '사라졌음'을 암시하기 때문이다. 또한 생리혈을 제공한 뒤 소녀들이 해방되어 무사히 집으로 돌아갔는지도 알 수 없다. 이에 관한 어떤 내용도 사료에서 찾아볼 수 없기 때문이다.

흥미롭게도 문제의 홍연환 제조법이 기록으로 남아 있기에 여기에 소개해보고자 한다.

처녀의 생리혈과 수은을 섞은 '홍연'을 아주 뜨겁게 가열한다. 여기에 검게 된 매실을 끓여 만든 매실수와 우물물 등을 부어 골고루 섞어 반죽을 만든 다음 햇볕에 널어 말린다. 그런 다음 젖을 말려 만든 가루우유와 수은과 유황 화합물인 진사(辰砂), 유향 등을 섞어서 끓이고 식히기를 반복하여 둥글게 빚어 환으로 만든다.

홍연환의 놀라운 효능과 끔찍한 부작용

홍연환의 놀라운 효과는 가정제의 몸에서 뚜렷하게 나타났다. 가정제는 하룻밤에 열 명 이상의 여성과 동시에 성관계를 하는 것이 가능했다고 한다. 늘 기세등등했던 그는 후궁과 궁녀를 가리지 않고 틈만 나면 품에 안고 침대 위에서 뒹굴었단다.

약효 못지않게 부작용도 확실히 나타났다. 홍연환을 수시로 복용하는 가정제는 한 번씩 정신착란을 일으켜 성관계를 맺는 동안 상대방을 잔인하게 살해하는 일이 종종 벌어졌다. 그러나 그는 밤낮을 가리지 않고 성관계에 몰두했고 그럴수록 난폭함은 통제 불가능한 수준으로 더해만 갔다. 안타깝게도 충신 하나가 용기를 내어 홍연환 복용을 당장 멈춰야 한다고 간언했으나 가정제는 격노하여 그 자리에서 그를 죽여버렸다.

미수로 끝난 후궁 왕 씨와 궁녀 열다섯 명의 가정제 암살 시도

1542년 10월 21일 깊은 밤, 자금성 안에서 조용하면서도 분주히 움직이는 사람들이 있었다. 가정제의 한 후궁을 시중드는 궁녀들이 바로 그들이었다. 그들은 난잡한 성행위 뒤 곤히 잠들어 있던 가정제를 습격했다. 비록 연약한 여성의 몸이지만 열다섯 명의 궁녀가 한꺼번에 힘을 모아 덮치고 누르고 미리 준비해둔 끈으로 목을 조이자 황제는 속수무책으로 당할 수밖에 없었다. 그는 한참 동안 버둥거리다가 이내 조용해졌다.

온몸이 땀으로 흠뻑 젖은 궁녀들은 그제야 안도의 한숨을 내쉬었다. 그런데 그게 끝이 아니었다. 죽은 줄만 알았던 가정제가 잠시 후 숨을 쉬기 시작하더니 벌떡 일어나 궁녀들을 공격했다. 크게 당황한 궁녀들은 비녀 등의 머리 장신구를 뽑아 황제의 몸을 찔렀지만 소용이 없었다. 황제는 반격을 멈추지 않았다. 피를 철철 흘리면서도 흡사 괴물처럼 미쳐 날뛰는 모습에 겁을 먹은 궁녀 하나가 동료들을 배신하고 황후에게 달려갔다.

광활한 자금성이었기에 놀라운 소식을 전해들은 관리들이 달려오기까지 꽤 시간이 걸렸다. 그동안 피의 바다에 빠져 다 죽어가는 듯 거친 숨을 몰아쉬었지만 황제의 목숨은 끊어지지 않았다.

결국 궁녀들은 전원 체포되었고, 배신한 궁녀까지 모조리 황제의 명에 의해 참살되었다. 궁녀들의 증언으로 주범으로 지목된 후궁 왕 씨는 신체 일부를 차례로 자르는 형을 받아 괴로움으로 몸부림치며 죽어갔다. 또한 그의 일족도 연좌제에 걸려 목숨을 잃거나 노예로 팔려가는 등 가혹한 형벌을 받았다. 이 사건은 훗날 '임인궁변(壬寅宮變)'이라 불리며 중국의 후궁사에 커다란 흔적을 남겼다.

가정제는 재위 45년을 맞이한 1567년 수은 성분이 추가된 약을 처방받던 중 돌연 사망했다. 이미 몸의 해독 기능이 한계 상황에 다다랐던 탓으로 여겨졌다.

2

예술은 사랑을 낳고
사랑은 예술을 낳고

episode

06

'여자'와 '성욕'을 연료 삼아
예술혼을 불태운
뒤틀린 천재 화가 피카소

투자가들이 피카소 그림에 열광한 이유

파블로 피카소의 긴 생애를 통틀어 그의 화풍에 극적 전환이 몇 번 이루어졌다. 그러나 화풍이 달라지고 많은 것이 바뀌어도 변하지 않는 것이 있었다. 그것은 바로 '이야기'다. 그렇다. 피카소 그림의 배경에는 언제나 생동감 있는 '이야기'가 자리하고 있었다. 그 이야기는 거의 예외 없이 '남자와 여자에 관한 이야기'였다.

스페인이 낳은 천재 중의 천재 화가 파블로 피카소. 그는 조숙한 천재 소년 화가 시대를 지나 스무 살에 파리의 몽마르트르에서 지내며 그림 그리기에 몰두했다. 이후 피카소는 '청색시대', '장미시대'의 여러 작품으로 평단과 대중의 주목을 한 몸에 받았다.

피카소는 '지금까지 누구도 그려본 적 없는 그림을 그려 보이겠다'라는 야심찬 각오로 그림 작업에 무섭게 몰두했고 그 결과 '큐비즘'이라는 새로운 양식을 탄생시켰다. 피카소의 그림은 스페인은 물론이고 유럽 사회에 엄청난 파장을 일으켰고 비싼 가격에 팔렸다. 한데 그의 그림을 주로 산 사람은 미술 애호가보다는 투자가 쪽이 훨씬 많았다.

20세기 초 파리에서 고가에 팔리는 그림의 가장 중요한 요소로 '새로움'을 꼽을 수 있다. 피카소의 모든 그림에는 확실히 '새로움'이 깃들어 있었다. 그럴 수밖에 없는 것이 피카소는 항상 기존에 없던 새로운 것을 창조하는 일에 지대한 관심을 기울인 예술가였기 때문이다. 이런 이유에서 당대의 내로라하는 그림 투자가들은 하나같이 피카소를 좋아했는데, 그가 다작하는 화가라는 점도 투자가들이 선호하는 이유 중 하나였다. 그림 한 점 한 점의 가격이 상대적으로 비싼 데다 엄청나게 많은 작품을 그려냈으니 피카소가 그림으로 부를 얻는 것은 시간문제였다.

피카소는 왜 자신의 삶과 예술에 지대한 영향을 미친 첫 번째 아내 올가와 파국을 맞을 수밖에 없었을까?

젊은 나이에 대단한 부와 명성을 얻은 피카소는 러시아 혁명을 피해 프랑스로 망명한 러시아 귀족의 피를 물려받은 발레리나 올가 코클로바(Olga Khokhlova, 1891~1955)와 1918년에 결혼했다. 결혼 당시 올가는 스물일곱 살, 피카소는 서른일곱 살로 열 살 차이였다. 피카소는 그때그때 자신이 사랑한 여성에 따라 화풍이 바뀌어간 것으로 널리 알려져 있다. 그중에서도 올가를 만난 뒤 화풍의 변화 폭이 특히 컸다는 것이 주된 평가다. 피카소가 올가를 만나 결혼하던 무렵 그는 '신고전주의' 화풍을 따르고 있었다.

올가는 보수적 가치관을 가진 여성이었는데, 그가 남편 피카소에게 "지금부터 내 얼굴을 확실히 알 수 있는 그림을 그려주세요"라고 부탁했다는 일화가 전해진다. 올가는 결혼 후 발레 무대에서 내려와 남편의 조력자이자 감독으로 활동했다. 이후 올가는 아침부터 오후 늦은 시간까지 온전히 일에 몰두하고 밤에는 사교계에서 각 분야의 명사들과 활발히 교류하는 일상이 이어졌다. 올가는 피카소의 삶과 예술에 지대한 영향을 끼쳤는데, 실제로 피카소가 올가의 가치관에 영향 받던 시기에 그의 그림은 눈에 띄게 안정감을 준다는 것이 비평가와 전문가의 일치된 평가다.

그러나 피카소의 내면에는 언제나 '야수의 피'가 샘처럼 솟구쳐 흐르고 있었다. 그 '야수의 피'는 무엇으로도 억누르기 힘든 것이었다.

세상에 영원한 것은 없는 법. 결국 피카소와 올가는 파국을 맞이했다. "그녀는 나에게 너무 많은 것을 원했습니다"라는 말로 피카소는 파국의 이유를 언급했다. 이 말로 미루어 볼 때 예술 이외에 그 무엇에도 얽매이지 않고 살아온 피카소가 아내의 '애정 어린 간섭'을 자신의 무한한 가능성을 억제하는 족쇄처럼 느낀 탓이 아니었을까.

"피카소는 여자와 몸을 섞어야만
비로소 그림을 그린다"

중년의 나이가 된 피카소 앞에 어린 소녀가 나타났다. 1927년 1월 8일, 피카소의 나이 마흔여섯 살의 일이었다. 소녀의 이름은 마리 테레즈 발테르, 당시 열일곱 살이었다. 두 사람이 마주친 곳은 파리 라파예트 백화점 앞 지하철 출구 계단에서였다. 피카소는 계단을 오르는 소녀에게 다가가 손목을 잡고 이렇게 말했다.

"마드모아젤, 당신의 얼굴이 아주 흥미롭군요! 당신의 초상화를 그리고 싶습니다. 저는 피카소라고 합니다."

마리 테레즈는 스포츠를 좋아하는 소녀로 피카소에 대해 전혀 알지 못했다고 한다. 그러나 그는 피카소에게 왠지 끌렸다. 프랑스에서 성인으로 인정받는 나이인 열여덟 살 생일날 밤 마리 테레즈는 피카소의 연인이 되었다.

"사랑은 언어가 아니다. 사랑은 행동으로 표현된다."

피카소가 남긴 명언이다. 이 말을 실행에 옮기기라도 하듯 건강한 육체를 가진 마리 테레즈와의 격정적 사랑은 그의 예술을 송두리째 바꾸어놓았다.

그 당시에도 그 후에도 마리 테레즈는 피카소의 예술을 깊이 이해하지 못했을 뿐 아니라 그다지 흥미를 보이지도 않았다. 그런 그가 훗날 "피카소는 여자와 몸을 섞어야만 비로소 그림을 그린다"라는 흥미로운 증언을 했다.

마리 테레즈는 피카소의 아이를 낳았다. 1935년 6월의 일이었다. 두 사람이 운명적으로 만나 사랑에 빠진 때로부터 7년만의 일이었다. 피카소의 부인 올가는 마리 테레즈의 임신을 빌미로 이혼을 제기했으나 받아들여지지 않았다. 그는 어쩔 도리 없이 1955년 자신이 사망할 때까지 피카소의 아내 자리를 지켜야 했다.

마리 테레즈가 출산한 뒤 얼마 지나지 않아 피카소의 마음이 갑자기 바뀌었다. 피카소의 마음은 왜 변했을까? 아마도 출산 후 육아에 몰두하는 두 번째 마리 테레즈에게서 '어머니'로서의 얼굴밖에 발견할 수 없게 된 탓이 아니었을까. 이후 피카소는 도라 마르(Dora Maar, 1907~1997)라는 이름의 이지적이면서도 희로애락의 감정 변화가 뚜렷한 여자와 뜨겁게 사랑하는 사이로 발전한다. 도라 마르를 만난 때는 1936년, 어느 카페에서였다. 당시 도라 마르는 스물아홉 살, 피카소는 쉰다섯 살이었다.

피카소는 자신의 새로운 연인 도라 마르를 '항상 우는 여자'로 묘사했다. 그가 도라와 뜨겁게 사랑하던 때는 역사적 사건 스페인 내전이 벌어지던 시기로 피카소는 고향에서 들려오는 참혹한 소식 때문에 감정이 파도처럼 요동치고 있었다. 그 무렵 피카소의 작품 세계에는 〈게르니카〉로 대표되듯 어두움과 과격함이 뚜렷이 엿보인다.

‘피카소를 버린 유일한 여자’로 역사에 이름을 남긴 프랑수아즈 질로

예순두 살 황혼의 나이에 접어든 파블로 피카소는 스물두 살의 젊은 여인 프랑수아즈 질로(Françoise Gilot, 1921~)를 만나 한눈에 반했고 유혹해 사귀었다. 1943년 여름 무렵의 일이었다. 화가 지망생이던 질로가 친구와 함께 이미 전 세계적인 명성을 얻고 있는 천재 화가 피카소 앞에 자신의 그림을 보여주기 위해 나타났다.

부르주아 계층 출신으로 화가가 되기 위해 대학을 중퇴한 프랑수아즈 질로에게 매료된 피카소는 “앞으로도 그림을 보여주러 자주 방문해줘요”라고 말하며 은근히 유혹했다. 세상이 다 아는 유명한 노화가의 애정 공세에 한동안 망설이던 질로는 결국 그의 애인이 되는 길을 택했다. 어느 날 그는 피카소를 유혹해 함께 뜨거운 밤을 보냈고 몇 년 동안 사귀다가 매정하게 차버렸다. 그는 ‘피카소를 버린 유일한 여자’로 역사에 이름을 남겼다.

한편 프랑수아즈 질로라는 새로운 애인의 존재를 알면서도 피카소와 여전히 함께 살던 도라 마르는 몹시 괴로워하며 하염없이 눈물을 흘렸다. 매우 격정적 성향을 지닌 도라 마르는 피카소의 손에서 〈우는 여자(The Weeping Woman)〉라는 제목의 그림으로 여러 번 재탄생했다.

피카소에게 여자란 그림을 그리기 위한 '도구'에 지나지 않았다. 다시 말해 그는 자신이 사랑한 여자들을 그림을 그리는데 절대적으로 필요한 '영감'을 샘솟게 하기 위한 하나의 수단으로 여겼다.

피카소는 "나는 연애 감정에 이끌려 그림을 그린다"라고 말했다. 그러나 냉정히 말해 그는 섹스 행위로 여성을 지배하고 군림하려 했으며 그 과정에 자신이 상대하는 여자의 격렬한 반응을 통해 그림 작업에 활용할 만한 '영감'을 얻고자 했던 게 아닌가 싶다.

프랑수아즈 질로는 그런 피카소와의 섹스를 차갑게 응시하고 있었다. 나중에 그는 피카소와 결별한 뒤 그 이유를 이렇게 말했다.

"그는 사디스트였다. 그에게 기쁨과 스릴을 안겨주는 것은 오로지 성적 관계를 맺는 일 뿐이었고 기회가 있을 때마다 나는 완강히 거부해야 했다."

자신이 원하는 것을 상대에게 일방적으로 요구하는 피카소의 섹스가 질로에게는 불쾌한 일이었다.

"그는 모든 것을 깊이 알지 못하면 직성이 풀리지 않는 사람이었다. 그는 항상 그 속에 무엇이 숨어 있는가를 보려 하고 그것을 파괴해버린다."

이 말에는 피카소가 여성을 대하는 태도의 본질이 드러나 있다.

첫 번째 아내 올가가 죽기를 기다리며
마흔여섯 살 연하의 젊은 연인 자클린 로크와
또다시 사랑에 빠진 희대의 바람둥이 피카소

1946년 말 즈음부터 피카소와 동거하던 프랑수아즈 질로는 결국 피카소를 버리고 떠났다. 1953년의 일이다. 그는 피카소와 사이에서 낳은 두 명의 아이를 데리고 남프랑스 발로리스의 집을 떠나버렸다.

그 해 9월 30일, 피카소는 "감히 나를 버릴 수 있는 사람은 없다"라고 호언장담하고 질로가 자신에게 돌아오리라 철석같이 믿으며 애써 여유 있는 모습을 보였다. 그러나 질로는 끝내 돌아오지 않았다. 그때 피카소는 칠십 대에 접어들었으며 질로는 한창때였다. 우위가 뒤바뀐 상황이라고 할까!

프랑수아즈 질로가 시련과 패배를 안겨준 셈이었으나 피카소를 무너뜨릴 수는 없었다. 피카소의 곁에는 여전히 그를 사모하는 젊은 여자가 기다리고 있었기 때문이다. 그 무렵 도예 작품에 열중하고 있던 피카소는 발로리스 마을의 도예 공방에서 일하는 스물여섯 살 자클린 로크(Jacqueline Roque, 1927~1986)를 유혹했다.

1955년, 피카소의 아내 올가가 죽음을 맞이했다. 피카소는 아내의 죽음을 슬퍼하는 듯 보였지만 그가 진심으로 슬퍼했는지는 알 수 없다. 그로부터 6년이 지난 1961년 그는 자클린과 재혼했다. 이때 피카소의 나이 여든 살, 자클린은 서른네 살로 마흔여섯 살이나 차이 나는 부부였다. 두 사람의 결혼 생활은 1973년 피카소가 세상을 떠날 때까지 이어진다.

피카소가 죽은 후에도
피카소에게 지배당하는 여자들

부지 면적 14헥타르에 이르는 고성 노트르담드비. 자신의 소유인 이곳에서 피카소는 최후를 맞이했다. 참고로 인류 역사상 경제적으로 가장 성공한 예술가에 속하는 피카소는 프랑스에 세 개의 성을 소유하고 있었다.

임종하기 전날인 1973년 4월 7일 저녁식사에서 피카소는 "나를 위해, 나의 건강을 위해 마셔주시오. 여러분도 알다시피 나는 이제 술을 마시지 못한다오"라고 평소답지 않게 조신한 말을 했다.

다음 날인 4월 8일 오전 11시 반, 몹시도 괴로워하는 남편을 발견한 자클린이 급히 의사를 불렀으나 의사가 도착하기도 전에 사망했다. 사인은 급성 폐수종에 의한 질식이었다.

사체 주변에는 크레용이 여기저기 흩어져 있었는데 아흔두 살 고령에, 심지어 죽음이 코앞에 다가와 있는 최후의 순간까지 창작 의욕을 드러낸 것을 보면 그는 역시 뼛속까지 예술가였던 모양이다.

홀로 남겨진 자클린에게 피카소가 갑자기 사라진 뒤의 상실감은 감당하기 힘들 정도로 컸던 것으로 보인다. 그는 피카소가 죽은 뒤에도 그와 함께 지낸 노트르담드비성에서 계속 살다가 권총 자살로 생을 마감했다. 피카소가 세상을 떠난 뒤 13년이 지나서의 일이었는데 정확한 원인을 알 수 없는 수수께끼로 가득한 행동이었다.

정신병에 걸려 죽은 첫 번째 아내 올가와 마지막 아내 자클린의 경우로 미루어 볼 때 피카소는 자신이 없으면 홀로 살아갈 수 없도록 자기 여자들을 세뇌시킨 게 아닌가 하는 생각이 들 정도다.

좀 더 흥미로운 것은 〈우는 여자〉의 모델 도라 마르의 뒷이야기다. 그는 저명한 전위 시인 폴 엘뤼아르에게 정식으로 프러포즈를 받았으나 "피카소 다음은 신"이라는 말로 거절했다. 그리고 그는 정말로 수녀가 되어 피카소가 가슴에 뚫어놓은 커다란 구멍을 신의 사랑으로 채우며 살다가 세상을 떴다. 1997년, 그가 아흔 살이 되던 해였다.

episode

07

스승 로댕을 향한 사랑도
예술 재능도 모두 파괴해버린
카미유 클로델의 광기

탁월한 재능을 가진 여성 조각가
카미유 클로델은 왜 인생 대부분을
정신병원에서 살아야 했을까?

일찍이 장래를 촉망받던 여성 조각가 카미유 클로델(Camille Claudel, 1864~1943). 그는 긴 생애의 대부분을 정신병원에서 절망을 품고 혼란에 휩싸인 채 살아가야 했다. 그가 70년 생애 중 조각가로서 제대로 활동한 시간은 20년 남짓에 불과하다.

클로델은 존경하는 스승이기도 했던 오귀스트 로댕과의 사랑이 파탄 난 데다 어머니와 형제들에게 이해받지 못함을 번민하고 괴로워했다. 그러면서도 미술사에 또렷이 이름을 남긴 클로델의 삶의 궤적에는 창작의 기쁨과 괴로움이 점철돼 있다.

1864년, 카미유 클로델은 프랑스 북부 엔의 부르주아 가정에서 태어났다. 어린 시절부터 그는 조각가로서의 자기 재능에 의심을 품지 않았다고 한다. 이는 외교관이며 작가로 활동했던 클로델의 동생 폴의 증언이다.

한편 클로델의 어머니는 그가 미술에 심취하는 것을 못마땅해 했다. 아버지와 남동생은 물심양면으로 그를 돕고 지지했지만 당대의 통념에 얽매여 있던 어머니는 딸을 이해하지 못했다. 그가 젊은 시절을 보낸 19세기 말 프랑스는 위세 있고 부유한 집안의 딸이 미술을 생업으로 삼는 일을 천박하다고 여기는 부르주아 관념이 지배하고 있었다. 또 '조각은 남자의 일'이라는 고정관념도 단단히 자리하고 있었다.

카미유 클로델은 오랫동안 동경하고 흠모해온 오귀스트 로댕(Aguste Rodin, 1840~1917)의 제자가 되었다. 1883년, 그의 나이 열아홉 살이었다. 당시 로댕은 이미 재능을 인정받고 명성을 얻은 조각가였다. 그러므로 비싼 개런티에도 불구하고 주문이 쇄도한 것은 어쩌면 당연한 일이었다.

재능이 뛰어났던 클로델은 로댕의 제자로 입문한 지 얼마 지나지 않아 '한 명의 제자'에서 '공동 제작자'의 위치로 올라설 수 있었다. 당시 두 사람이 연인 관계였는지는 확실치 않다. 둘이 편지를 교환하기는 했으나 사랑의 향기를 풍기는 연애편지는 누구인지 모를 사람의 손에 의해 번번이 파기되었기 때문이다.

1888년 이후 카미유 클로델은 혼자서 지내기 시작한다. 로댕과 사제 관계일 뿐 아니라 연인 관계인 것이 양친에게 알려진 일이 직접적인 원인이었다. 그의 독립은 로댕의 도움으로 이루어졌다고 한다. 참고로, 이때까지만 해도 로댕의 오랜 연인이자 아내와도 같은 존재였던 로즈 뵈레(Rose Beuret)는 자신의 연인과 젊고 아름다운 제자의 '진짜 관계'를 전혀 눈치채지 못하고 있었다. 당시만 해도 두 사람은 어디까지나 공동제작자로 활동하고 있었기 때문이다.

클로델은 존경하는 스승이기도 한 로댕 작품의 일부를 담당하면서 기술을 몸에 익혔다. 그때 이미 그는 일단 대리석을 조각하기 시작하면 위대한 스승 로댕조차 엄두를 내지 못할 엄청난 열정과 에너지를 쏟아부으며 탁월한 솜씨를 보여주었다고 한다.

남녀로서도 예술적 동지로서도
완벽한 관계였던 로댕과 클로델

로댕은 아름다운 외모에 탁월한 재능을 가진 제자 카미유 클로델을 파티에 자주 데려가 다수의 유력자에게 소개했다. 그러나 클로델은 이 좋은 기회를 제대로 활용하지 못했다. 그의 목소리는 허스키했고 촌티 나는 억양에 더듬거리는 말투였다. 그의 거동은 때로는 아이 같았고 때로는 거칠었다. 자기 머릿속에 제멋대로 만들어낸 이미지를 품고 다가온 사람들은 그런 클로델에게 실망했다.

그렇기는 해도 당시의 클로델은 예술가로서의 자기 삶에 나름대로 기쁨을 느끼며 만족하고 있었다. 그 기쁨의 상당 부분은 자신이 사랑하고 존경해마지 않는 스승이자 연인인 로댕의 작품에 자신이 일부나마 기여하고 있다는 뿌듯함에서 나오는 것이었다.

로댕이 1887년에 발표한 〈입맞춤〉에서 키스하는 남녀의 얼굴은 마치 하나가 되기라도 할 듯 일체화되어 있다. 이는 로댕과 클로델이 남녀로서도 예술적 동지로서도 완전한 '밀월'과 '결합' 상태였음을 상징적으로 보여주는 것 같다.

그 무렵 로댕과 클로델 사이에는 적어도 한 명 혹은 네 명의 아이가 태어났다는 소문이 돌고 있었다. 하지만 로댕은 아이들의 존재를 우회적인 말로 부정했다.

1887년 이후 카미유 클로델은 로댕과 프랑스 서북부 투렌으로 여행을 떠나 로댕이 미리 빌려놓은 대저택에서 지냈다. 클로델이 그곳에 머무는 동안 로댕은 일하는 사이사이 찾아와 며칠씩 지내다가 돌아가는 식으로 시간을 보냈다.

그 무렵 로댕과 클로델 사이에는 어두운 그림자가 비치고 있었다. 당시 클로델이 로댕에게 보낸 현존하는 유일한 '연애편지'에 그 불길한 그림자가 선명하게 드리워져 있다. 편지의 일부 내용을 안용해보자.

"당신(로댕)이 곁에 있으면 나를 믿게 하기 위해 나는 완전한 알몸으로 잠이 듭니다. 하지만 눈을 뜨면 그것은 허망한 꿈이 되어버립니다. …… 이젠 절대로 나를 배신하지 말아주세요."

이 문장에서 클로델이 암시하는 '배신'이 정확히 무엇인지는 알 수 없지만 두 사람의 관계가 순탄하지 않았음을 짐작할 수 있다.

로댕과 로댕의 '사실상 아내' 로즈, 그리고 클로델의 복잡한 삼각관계

로댕과 카미유 클로델의 관계는 더욱더 나빠졌다. 1892년 무렵의 상황이었다. 결혼 적령기가 지난 스물여덟 살의 클로델은 가족에게 거센 결혼 압박을 받았다. 이에 클로델은 로댕에게 자신과 결혼해줄 것을 요구했으나 로댕은 매몰차게 거절했다.

클로델은 절망했다. 로댕이 자신과 결혼을 거부한 일만이 이유는 아니었다. 다른 한편으로 세상이 자신에게 기대하는 '젊고 아름다운 여성 조각가'라는 간판이 머지않아 삼십 대가 되면 더는 사용할 수 없는 무용지물이 돼버릴 것이라는 사실을 깨달은 데서 오는 초조함과 불안감 탓이 더 컸을 수도 있다.

로댕은 오랜 세월 진짜 부부처럼 지내온 로즈와 결별하고 싶지 않았다. 한편 클로델은 로댕에게 계속 자신과 결혼해줄 것을 요구하면서도 조각가로서는 로댕과 함께하지 않기로 했다. 1893년의 상황이었다. 비록 이런 식으로 서서히 거리를 두기는 했으나 클로델은 로댕과의 관계를 완전히 끊어버릴 수 없었다.

클로델은 분명 탁월한 재능을 가진 조각가였으나 작업량이 많지 않았다. 로댕의 제자로 있으면서 함께 작업한 10여 년 동안 자신의 서명까지 넣어서 완성한 작품은 열 작품이 채 되지 않았다. 그리고 독립한 뒤에도 작업량은 크게 달라지지 않아 일 년에 고작 몇 개 정도밖에 완성하지 못했다.

클로델은 왜 조각 작품을 완성하는 일에 집중하지 못했을까? 원만치 않은 로댕과의 애정 문제도 원인의 일부이겠지만 예술가로서 그녀의 완벽주의와 자신에 대한 지나치게 높은 기준과 욕심이 더 큰 원인이 아니었나 싶다. 실제로 그는 자신이 만든 작품을 스스로 '완벽하다'라고 판단할 수 있을 때까지 절대로 고객에게 넘기려 하지 않았다.

로댕은 왜 인생 말년인 일흔일곱 살의 나이에 '사실상 아내' 로즈와의 결혼을 선택했을까?

15년에 이른 로댕과의 관계는 결국 파국을 맞이했다. 게다가 가족들은 하나같이 자신을 이해하려 하지 않은 데다 예술가로 느끼는 장벽은 더욱더 높아져만 가는 듯했다. 이 모든 악조건이 클로델을 압박하고 괴롭혔다. 결국 그는 '로댕의 패거리'가 자신의 아이디어와 작품을 훔치러 올 것이라는 망상에 시달리게 된다. 그런 클로델을 이해해주는 이는 오직 남동생 폴밖에 없었다.

클로델은 황폐해질 대로 황폐해져 폐허가 되다시피 한 아틀리에에서 여러 마리의 고양이를 키웠다. 그곳에서 그는 작품을 만들었다가 사정없이 부셔버리는 행동을 쉼 없이 반복했다. 몸과 마음이 지치고 병든 클로델의 삶은 이미 정상인의 그것이 아니었다. 1913년, 사십 대 후반에 접어든 카미유 클로델의 얼굴에는 젊은 시절의 아름다웠던 미모가 사라지고 어두운 그림자만 짙게 드리워져 있었다.

이후 클로델은 30년 가까운 시간을 파리 교외 빌에브라르의 정신병원에서 보내게 된다. 이곳에서 그는 의사가 아무리 강권해도 절대로 조각만은 하지 않았다고 한다.

로댕은 클로델을 걱정하며 도우려고 애를 썼다. 클로델이 입원해 있는 병원에 돈을 보내기도 했으나 그의 가족이 거부했는지 두 번째 송금은 없었다.

그 후 로댕은 오랜 세월 아내처럼 지낸 로즈와 정식으로 결혼식을 올렸다. 당시 로댕의 나이 일흔일곱 살, 로즈는 일흔세 살이었다. 로댕은 왜 불현듯, 그리고 인생 말년이 다 되어 결혼을 결심했을까? 로즈의 병이 갑자기 심해졌기 때문이다. 실제로 로즈는 로댕과 결혼식을 올린 날로부터 16일 뒤 세상을 떠났다.

로댕이 세상과 작별한 것은 그로부터 9개월이 지난 어느 날이었다. 로댕이 마지막으로 남긴 말은 클로델을 향한 것이었다.

"파리에 남겨둔 나의 젊은 시절 아내(카미유 클로델)를 만나고 싶다!"

이 말이 클로델에게 전해졌는지는 알 수 없으나 전해졌다

한들 정신이 온전치 않은 그가 로댕의 마음을 이해할 수 있었을까?

클로델은 자신이 독살당하지 않을까 늘 두려움에 떨었다. 그는 로댕과 자기 가족을 원망하고 저주하며 세월을 보냈다. 그런 그가 가끔 찾아오는 가족의 면회를 매몰차게 거절한 것은 어쩌면 당연한 일이었다. 한데 놀랍게도 클로델의 어머니는 끝까지 단 한 번도 딸을 찾아오지 않았다고 한다. 언젠가 그는 자신의 딸 카미유 클로델 이야기가 나오자 이렇게 한마디 했다.

"딸은…… 자신을 희생자로 믿고 있지만 그것은 말도 안 되는 소리예요. 그 아인 스스로 제 목을 조른 것뿐이에요."

외교관으로 활동한 남동생 폴은 바쁘게 일하는 사이사이 누나를 찾아왔고 그것이 클로델에게 큰 위로와 기쁨이 되었다. 임종을 맞이하는 순간, 클로델에게는 누나의 이름을 부르는 폴의 애타는 목소리만 들렸다고 한다. 클로델이 마지막으로 남긴 말은 "나의 폴!"이었다.

1943년 10월 19일, 카미유 클로델은 일흔아홉 나이로 세상을 떠났다.

episode

08

천재 음악가 모차르트의 아내 콘스탄체는 희대의 악처였을까?

1782년 여름, 오스트리아 빈을 중심으로 열정적으로 활동하던 스물여섯 살 천재 음악가 볼프강 아마데우스 모차르트(Wolfgang Amadeus Mozart, 1756~1791)는 스무 살의 콘스탄체 베버(Constanze Weber, 1762~1842)와 결혼했다. 결혼식은 빈의 슈테판 대성당에서 치러졌는데, 이 자리에 모차르트의 아버지 레오폴트는 참석하지 않았다. 아들의 결혼을 용납할 수 없었기 때문이다. 어려서부터 신동으로 인정받은 모차르트는 전 유럽을 순회하며 연주여행을 다녔다. 콘스탄체는 소프라노 가수가 되려고 공부 중이었기에 모차르트와 비교해 많이 부족해 보였다.

어쨌든 결혼할 당시 두 사람은 서로 뜨겁게 사랑했다. 평전 등에 묘사된 내용으로 미루어 볼 때 특히 콘스탄체를 향한 모차르트의 마음은 절절했던 것으로 보인다.

아내 콘스탄체의 마음이 멀어지게 만든 모차르트의 남성 우월주의와 가부장적 여성관

모차르트는 고향 잘츠부르크로 아내와 함께 아버지를 찾아

뵈러 갔다. 1783년 가을 무렵의 일이다. 그때 그는 자신의 결혼을 반대한 아버지와 가족 앞에서 공연을 했는데, 당시의 대표 연주곡이 바로 〈대미사 C단조(K.427/417a)〉였다.

모차르트는 이 곡에서 매우 중요한 역할을 담당하는 소프라노 독창을 아내 콘스탄체에게 맡겼다. 제1곡의 〈키리에 엘레이손(Kyrie eleison, 신이여 자비를 베푸소서)〉으로 모차르트가 아내에게 독창을 하게 한 선율을 듣고 있으면 그의 사려 깊은 생각이 가슴으로 전해지는 것만 같다.

〈키리에 엘레이손〉은 모차르트로서는 매우 드물게 진지하고 음울한 분위기로 시작한다. 하지만 소프라노의 독창 부분이 울려 퍼지기 시작하면 음악은 갑자기 단조에서 장조로 바뀌고 청중은 마치 하늘에서 빛줄기가 내려오는 듯 후련하고도 짜릿한 기분을 느끼게 된다. 모차르트는 이 어려운 독창 부분을 콘스탄체가 부르게 했다. 비록 경력은 부족해도 콘스탄체는 분명 뛰어난 재능을 가진 오페라 가수였다.

그러나 어찌 된 일인지 콘스탄체가 결혼 후 가수로 활동한 이력은 거의 없다. 왜 그랬을까? 아마도 모차르트가 아내를 독점해 자기 곁에 두고 싶어 한 탓이 아니었을까? 그놈의 '사랑' 때문이었다고는 하나 자기 위에 군림하려 하고 자신의 의사를 일방적으로 강요하는 식의 결혼 생활은 콘스탄체의 마음을 모차르트에게서 멀어지게 만들었다. 그렇게 서서히 그는 '악처'가 되어간 게 아닐까.

고액의 연금을 받은 모차르트는

왜 항상 경제적 문제로 쪼들리고 궁핍에 허덕였을까?

모차르트는 시대를 앞서간 천재로 자신의 천재성을 제대로 인정받지 못한 채 빈곤에 허덕이다가 젊은 나이에 사망한 것으로 알려져 있다. 실제로 1788년 이후 모차르트가 친구들에게 돈을 빌리기 위해 편지를 보내는 일이 많아졌다. 〈아이네 클라이네 나흐트무지크(Eine kleine Nachtmusik, 현악 세레나데 사장조 K.525)〉와 가극 〈돈 조반니(Don Giovanni)〉 등 불후의 명곡이 만들어질 무렵의 일이었다.

하지만 이는 사실이 아닌 것으로 추정된다. 왜냐하면 최근 여러 명의 음악 학자들이 철저히 조사한 결과 1781년부터 1791년까지 만년의 모차르트에게 평균 3,000~4,000플로린 정도의 연금이 매년 지급되었음이 밝혀졌기 때문이다(당시 1플로린은 오늘날 한화 4만 원 정도로, 1억 2,000만~1억 6,000만 원에 달하는 고수입이다). 당시 음악원 성악교수의 3~4배나 되는 막대한 금액의 연금을 그다지 인기가 높지 않던 시절의 모차르트가 꾸준히 받고 있었던 셈이다.

그렇다면 상당한 금액의 연금을 받은 모차르트는 왜 항상 경제적 문제로 쪼들리고 궁핍을 겪었을까? 주된 원인은 그의 도박 성향에 있었던 것으로 보인다. 잘츠부르크 모차르테움 음악원 학장이던 귄터 바우어에 따르면 모차르트는 도박을 무척 좋아했고 일을 삼았는데 심지어 "음악보다 도박을 더 사랑한 게 아닌가 싶을 정도"였다고 한다. 그러나 이 또한 정확한 사실은 알 수 없다. 왜냐하면 모차르트가 용의주도하게 자신의 도박에 관한 기록을 모두 말소하여 오늘날까지 제대로 남아 있는 것이 없기 때문이다.

아내 콘스탄체가 가계를 잘 관리했다면 빈곤 문제 따위는 겪지 않아도 되지 않았을까 싶겠지만 그 역시 현실성이 없었다고 보는 게 합리적이다. 왜냐하면 도박에 중독된 모차르트가 가정 경제 문제에 아내가 일절 관여하지 못하게 했을 것으로 추정되기 때문이다. 모차르트는 돈을 잃을 때마다 당장 필요한 도박 비용을 마련하기 위해 친구나 지인들에게 돈을 빌려달라는 편지를 수없이 보낸 것으로 보인다. 이때 자주 사용된 신통한 핑곗거리가 '아내의 병 치료를 위해 온천 요양비가 필요하다'라는 것이었다. 그런 모차르트에게 아내가 질려버리는 것도 무리는 아니지 않을까.

모차르트의 아내 콘스탄체는 정말로 악처였을까?

모차르트는 '자상한 남편'은 아니었다. 앞에서 언급한 대로 그는 '아내의 병 치료에 많은 돈이 든다'라는 핑계로 돈을 빌리고자 편지를 쓰곤 했는데, 실제로 한 달간 온천 치료에 드는 비용은 식사를 포함해서 대략 30플로린(약 120만 원) 정도였다. 콘스탄체의 세밀한 요양 치료비 내역까지는 남아 있지 않지만 모차르트가 도박에서 잃은 금액에 비하면 그다지 큰 금액은 아니지 않을까.

일설에 따르면, 콘스탄체가 온천 치료장에서 알게 된 남자들과 가까이 지낸다는 소식을 전해들은 모차르트가 격노했다고 하는데 아내의 행동을 비난할 만한 입장은 아니지 않았을까 싶기도 하다.

모차르트의 아내 콘스탄체는 왜 그토록 건강이 안 좋았을까? 십여 년간 이어진 결혼 생활에서 있었던 여섯 번의 임신과 출산이 직접적인 원인인 것으로 보인다(그가 고통스럽게 낳고 기른 자식들 중 성인이 된 사람은 아들 두 명뿐이다). 오늘날과 비교해 영양 상태와 보건 위생이 현저히 좋지 못했던 18세기 당시로는 임신과 출산을 여러 번 반복하는 것은 자칫 건강을 크게 해치는 일이었던 데다 특히 마른 체형의 콘스탄체에게는 더욱더 부담이 컸을 것이다.

모차르트 부부 사이에 오늘날까지 많은 러브레터가 남아 있는 사실로 미루어 볼 때 두 사람 사이는 그다지 나쁘지 않았던 것으로 추정된다. 또 그렇지 않았다면 건강을 해칠 위험은 물론이고 생명의 위협까지 이겨내며 여섯 번씩이나 임신과 출산을 반복하는 일도 없지 않았을까? 그러나 좀 더 냉철히 생각해

보면 모차르트의 편지에 남아 있는 '사랑의 표현'을 문자 그대로 받아들이기 어렵다는 판단이 든다.

베를린에 머물던 모차르트가 아내에게 보낸 편지를 보면 이제 곧 '사랑스럽고 귀여운 아내에게 돌아간다'라는 식의 기쁨과 환희의 감정이 가감 없이 드러나 있다. 1789년 5월 23일의 일이었다.

"당신의 …… 대단히 멋진 우리의 보금자리를 아름답게 장식하고 나를 기다려주오. 당신의 귀여운 '장난꾸러기'는 그곳에 딱 맞으니까!"

살짝살짝 외설스러운 농담을 섞은 글 솜씨는 모차르트의 특기라 해도 좋을 정도다. 하지만 다른 한편으로 결혼 7년차 아내에게 보내는 편지치고는 오히려 너무 들뜬 문장이 아닌가 싶기도 하다.

이 편지를 쓰기 직전인 그해 5월 12일, 모차르트는 업무 차 라이프치히에 갔다. 그곳에서 연인 중 하나로 소문난 요제파 두셰크라는 소프라노 가수에게 자신의 곡을 부르게 하고 자신은 피아노를 연주하며 함께 공연했다.

나는 당시 모차르트가 아내에게 모종의 죄책감을 가질 만한 일이 있었기에 위에 언급한 편지에 지나치다 싶은 표현을 남발한 게 아닌가 추정한다. 물론 그 공연 당시 두 사람 사이에 '무슨 일'이 있었다는 확증이 없고 모차르트 스스로 아내 콘스탄체 이외의 여성 관계를 분명하게 언급한 적도 없으므로 이는 순전히 나의 억측에 가까운 추측에 지나지 않는다는 점을 밝혀둔다.

모차르트의 음악은 왠지 깔끔하고 단정하면서도 듣는 이의 마음을 사로잡는 '아름다운 향기와 독'을 품고 있는 것 같다. 아마도 이는 무엇에든 쉽사리 그리고 깊이 빠져드는 그의 성향 탓이 아닐까. 그런 남자를 남편으로 둔 여자에게 이 문제는 간단히 치부하고 넘어갈 일이 아니었을 수도 있다. 내 생각에 '콘스탄체 모차르트=악처'설은 본질적으로 그들의 성격 차이로 인한 불화에서 비롯된 것이 아니었나 싶다.

인류가 낳은 최고의 음악가가 맞은 쓸쓸한 죽음과 비참한 장례식

모차르트는 전에 없이 건강이 안 좋아졌다. 1791년 가을 무렵이었다. 그 즈음 모차르트는 잿빛 외투를 입은 생면부지의 남자에게 의뢰받아 〈레퀴엠 D단조(Requiem, K.626, 진혼미사곡)〉를 작곡했다.

몸이 아파 쇠약해질 대로 쇠약해진 모차르트는 망상에 빠졌다. 그의 머릿속은 온통 '내게 레퀴엠을 부탁한 이는 분명 죽음의 사자다', '나는 틀림없이 독살당할 것이다'와 같은 위험한 생각으로 가득 찼다.

실제로 모차르트에게 레퀴엠 작곡을 부탁한 사람은 누구였을까? 프란츠 폰 발제크(Franz von Walsegg, 1763~1827) 백작이 바로 그였다. 발제크 백작은 다른 사람이 만든 곡을 자작곡으로 여기고 자랑하며 연주하는 일을 취미로 삼는 기묘한 인물이었는데, 모차르트를 자신의 '고스트라이터'로 삼고자 심부름꾼을 보내온 것이었다. 한데 하필 그때 죽은 아내와의 추억을 생각하며 모차르트에게 종교곡인 레퀴엠 작곡을 의뢰한 것이었다. 이때 발제크 백작이 모차르트에게 제시한 비용은 100두카트(약 1,800만 원)로 상당한 고액의 작곡료였다. 그는 전체 금액의 절반을 선불로 지불했는데 병이 든 모차르트는 죽음의 망상에 사로잡혀 있었기에 작곡에 좀처럼 속도가 붙지 않았다.

이럴 때 아내가 곁에 있었다면 좋았겠지만 그는 여전히 온천 치료차 여행을 떠나 있었다. 사실 이때 콘스탄체는 몸만이 아니라 마음도 모차르트에게서 완전히 떠나 있었던 것으로 보인다.

모차르트의 죽음에 대한 예감은 적중했다. 11월 말 무렵, 오늘날 '세균감염증'으로 추정하는 병의 증세가 점점 더 심해지기 시작했다. 쇠약해질 대로 쇠약해진 모차르트의 온몸에서 펄펄 끓듯 열이 나고 손발은 무섭게 부풀어 오르고 몸을 움직이는 일조차 힘들어졌다.

12월 4일 늦은 밤, 모차르트는 "혀에서 죽음의 맛이 난다"라고 말한 뒤 곧바로 혼수상태에 빠졌다. 의사는 좀처럼 기다려도 오지 않았고 시간이 오래 지나 겨우 온 뒤에도 모차르트의 이마에 찬물과 식초에 담갔던 수건을 올려놓는 것 외에는 아무 일도 하지 못했다. 결국 모차르트는 몸을 심하게 떤 뒤 구토를 하고 다시 의식을 잃었다. 그리고 이내 숨을 거두었다. 12월 5일 새벽, 그의 나이 서른다섯 살이었다.

콘스탄체는 남편 모차르트의 임종 자리를 지키지 않았다. 훗날 그는 자신의 재혼 상대에게 "남편 모차르트의 병을 자신에게 옮기려고 남편이 평소에 주로 사용하던 침대에 몸을 던졌어요"라고 슬픈 표정으로 말했으나 여기에는 고개를 끄덕이게 할 만한 근거가 어디에도 없다.

모차르트의 부검은 생략되었다. 그의 사체에서 이상하리만치 심한 냄새가 났기 때문이다. 장례식은 슈테판 대성당의 작은 방에서 검소하게 치러졌다. 성대한 장례식을 치를 만한 비용이 남아 있지 않아서였다.

모차르트는 공동묘지, 그중에서도 최하등급인 '3등급'에 매장되었다. 여기서 '3등급'이란 7~8년 뒤 다시 땅이 파헤쳐지고 다른 사람의 사체가 묻히게 되는 곳을 말한다.

당대에는 왕이나 왕후, 혹은 귀족이 아니라면 '사람은 일단 죽으면 그것으로 끝이다'라는 인식이 보편적이었다고는 하나 해도 해도 너무하다는 생각이 드는 것은 어쩔 수 없다. 추측하건대, 모차르트의 사망 후 처리에 관한 모든 결정은 콘스탄체가 했을 것이다. 심지어 그는 남편이 죽은 뒤 그의 무덤을 찾았다는 기록도 없다.

3등급 공동묘지에 버려진 남편, 화려한 묘지에 잠든 아내

모차르트가 사망한 뒤 콘스탄체는 기묘하리만치 왕성하고도 열정적인 행동력을 발휘한다. 그는 미완성으로 남은 〈레퀴엠〉을 모차르트의 제자인 작곡가 프란츠 크사버 쥐스마이어(Franz Xaver Süßmayr, 1766~1803)에게 부탁해 완성시켰다. 모차르트의 진필이 아니면 남은 금액을 지불하지 않겠다는 발제크 백작의 요구를 충족시키기 위해 쥐스마이어는 스승 모차르트의 필적을 흉내 내며 악보를 써야 했다.

여기서 한발 더 나아가 콘스탄체는 각지의 음악팬인 왕과 왕후, 귀족들에게 남편이 남긴 자필 악보를 유능한 장사꾼처럼 능숙하게 팔아치웠다. 오늘날의 가치로 환산하면 수억 원이나 되는 모차르트의 빚도 어렵지 않게 갚아가면서 그는 꽤 많은 자산을 모았다. 용케 살아남은 두 아들은 상당한 비용이 드는 좋은 학교에 보내 교육을 시켰다. 비록 들인 비용에 비해 그다지 신통한 성과를 거두지는 못했지만.

그 후 콘스탄체 베버는 모차르트의 열렬한 팬이던 게오르그 니콜라우스 폰 니센과 사귀다가 동거하기 시작했고 마흔일곱 살에 정식으로 재혼했다. 니센은 모차르트 전기를 맨 처음 쓴 작가이자 덴마크 귀족이며 외교관이었다. 나중에 니센이 출세하자 콘스탄체는 '궁정고문관 부인'이라는 그럴 듯한 직함도 얻었다.

최고의 천재 음악가 모차르트는 3등급 공동묘지에서 비참하게 썩어간 반면 콘스탄체는 모차르트의 고향 잘츠부르크에 자기 묘를 훌륭하게 만들었다. 기묘하게도 니센에 대해 콘스탄체가 '악처'로 불린 적은 없다. 이로써 우리는 아내를 악처로 만드는 이는 그 남편이라는 결론을 내릴 수밖에 없지 않을까!

episode

09

고흐의 '귀를 자른'
진범은 누구일까?

생전과 사후의 평가가 가장 극단적으로 바뀐 사례, 빈센트 반 고흐

사후에야 비로소 진가를 인정받고 그제야 작품의 가치가 오르는 경우는 예술가에게서 어렵지 않게 찾아볼 수 있는 비극적인 사례다. 그렇더라도 네덜란드 화가 빈센트 반 고흐(Vincent van Gogh, 1853~1890)의 작품만큼 생전과 사후의 평가가 극단적으로 바뀐 사례는 아마 없지 않을까.

고흐가 그린 그림 〈해바라기(Sunflowers)〉는 그의 손에서 탄생한 지 100년이 지난 뒤 무려 580억 원이라는 엄청난 가격에 팔렸다. 생전에 그의 작품은 거의 팔리지 않았기에 그의 그림 가격이 이토록 드라마틱하게 상승하리라고는 누구도 상상하지 못했을 것이다.

고흐는 네덜란드 남부 쥔더르트에서 가난한 목사의 아들로 태어났다. 그 자신도 개신교 목사가 되려고 애를 썼으나 되지 못하고 쓰라린 좌절만 맛본 채 무직으로 지내던 이십 대 후반 고흐는 화가가 되기로 결심한다. 주변 사람들 대부분 이해하지 못했지만 남동생 테오만이 "예술가가 되어봐"라며 그를 격려했다.

소녀는 왜 고흐의 모습을 보고 정신을 잃었을까?
—"친절히 응대하기에 그는 너무도 불결했어요"

당시 고흐가 얼마나 사람들과 잘 어울리지 못했는지를 보여주는 흥미로운 일화가 있다. 고흐는 브뤼셀로 아버지의 친구에게 상담을 받으러 갔다. 1879년의 일이다. 한데 그를 맞이하기 위해 문을 연 그 집 손녀딸이 고흐의 모습을 보고는 그만 정신을 잃고 쓰러졌다고 한다. 나중에 손녀딸은 "친절히 응대하기에 그는 너무도 불결했어요"라고 말했다.

고흐는 맛난 식사도 대접받고 친절한 상담까지 해준 것에 대한 고마움의 표시로 그들 가족의 모습을 스케치해 선물했다. 하지만 그 가족은 고흐가 정성껏 그려준 그림을 "엄지와 검지로 집어 올려" 불에 던져버렸다고 한다.

고흐는 아무리 애를 써도 그림이 팔리지 않자 화구상이 된 동생 테오에게 의지해 생활비를 얻어 쓰며 지냈다. 그러나 아무리 아낀다 해도 모델료나 그림 도구를 사는 데 적잖은 돈이 들기 때문에 거의 아무것도 먹지 않고 지내며 공복에 담배만 피우는 생활이 이어졌다. 그 탓에 삼십 대 초반의 젊은 나이에 그는 이빨이 열 개 정도밖에 남지 않을 정도로 건강 상태가 악화했고 무척 겉늙어 보였다.

고흐는 화가로 성공하겠다는 야망을 품었기에 노력을 아끼지 않았다. 남프랑스는 아직 가보지 못했으나 그는 책이나 다른 화가의 그림을 통해 알게 된 밝고 화사하며 선명한 빛깔을 무척 좋아했다. 고흐는 노란색이나 오렌지색 색채를 아로새기는 화풍으로 '불꽃의 화가'라 불렸는데, 그의 창작 자세 또한 불꽃처럼 격렬했다.

한편 고흐는 타고난 애주가였다. 음주는 그를 '광기'의 도가니로 몰아넣곤 했다. 19세기 말 프랑스에는 압생트라는 이름의 저렴하고 독한 술이 있었다. 메틸알코올이라 비록 가격은 싸지만 도수가 높아서 몇 잔만 마셔도 확실하게 취할 수 있었다. 하지만 자칫 중독되기 쉬운 데다 건강에 해롭고 신경계를 손상시키기도 했다.

존경하는 화가 폴 고갱과의 불행하고 엽기적인 동거 생활

고흐는 여태껏 지내온 파리를 떠나 남프랑스 아를로 향했다. 1888년 2월 22일의 일이었다. 이는 아마도 자신이 머무를 곳, 아니 자신의 진정한 가치를 발견하고자 떠난 여행이었을 것이다.

아를에서 고흐는 폴 고갱과 공동생활을 하면서 고갱을 지도자로 삼아 예술가 커뮤니티를 만들고자 했다. 고흐는 고갱을 존경했다. 그러면서도 그의 마음속에는 남자로서 그리고 화가로서 고갱에게 지고 싶지 않다는 오기도 있었다.

1888년 10월, 파리를 떠나 아를에 도착한 고갱은 그림 그리기에 푹 빠져서 가뜩이나 건강하지 않은 몸을 돌보지 않고 혹사한 탓에 쓰러지듯 누워 한동안 일어나지 못했다.

당시 고흐가 그린 작품 중에 〈해바라기〉 연작이 있다. 고갱이 기뻐하리라 생각하고 그렸다는 고흐의 작품 〈해바라기〉에는 '사랑'과 '인연'을 갈구하는 그의 애절한 마음이 깃들어 있다. 그렇다. 고흐의 그림 〈해바라기〉는 '사랑'을 갈구하는 그림이다. 하지만 안타깝게도 고흐와 고갱은 마치 물과 불처럼 서로 전혀 맞지 않았다.

고흐는 고갱과 함께 지낼 '노란 집'을 장만했다. 형 고흐가 고갱에 빠져 있는 걸 잘 아는 동생 테오가 모든 비용을 지불했다.

이 '노란 집'의 방은 오늘날의 감각으로는 이해하기 어려울 정도로 일그러진 형태를 하고 있었다. 1888년 고흐는 〈아를의 침실(Bedroom in Arles)〉이라는 작품에 자신이 살던 방을 그렸는데, 이 그림에 묘사된 대로 그의 방은 실제로 사다리꼴 모양이었다. 사람이 사는 방은 그 사람의 정신 상태에 적잖은 영향을 주기 마련이다. 참고로, 고갱의 방은 삼각형이었다.

두 사람은 테오의 뒷바라지로 생활했는데, 공동생활의 룰을 만든 지 두 달도 지나지 않아 불화가 싹트기 시작했다. 근본적으로 둘은 가치관이 너무도 달랐다. 그뿐만이 아니었다. 예술을 대하는 자세는 물론이고 식사 취향 등 모든 것이 거의 정반대였다. 고갱은 요리를 잘했는데, 고흐는 고갱의 표현을 빌리자면 '물감을 막 섞어놓은 듯한' 정체를 알 수 없는 맛의 수프를 만들어서 아무렇지 않게 먹으며 고갱에게 권하곤 했다고 한다.

고흐의 '귀 절단 사건'을 둘러싼 풀리지 않는 수수께끼

고흐와 함께 지내는 생활을 견딜 수 없었던 고갱은 어느 날 크리스마스가 오기 전 아를을 떠나겠다고 알렸다. 존경하는 형님 같았던 고갱에게 버림받고 예술가 커뮤니티를 만들려는 꿈도 좌절되었음을 알게 된 고흐는 자신의 왼쪽 귀를 잘라서 평소 잘 아는 매춘부에게 건네주었다는 그 유명한 사건을 일으켰다. 1888년 12월의 일이었다.

이 사건이 빌미가 된 두 사람의 격렬한 말다툼은 매춘부의 가게 앞에서 벌어졌다. 그곳에 있던 매춘부는 고흐만이 아니라 고갱과도 잘 아는 사이였다고 한다. 이로 미루어 볼 때 두 사람의 사이에는 여성을 둘러싼 모종의 문제도 있었던 게 아닌가 싶다.

고흐의 '귀 절단 사건'에 대해서는 오늘날까지 풀리지 않는

ABSINTH
70 cl e

수수께끼 같은 의문점이 많이 남아 있다. 이에 관한 명확한 증언이라고는 '귀 절단 사건' 당일로부터 14년여 시간이 지난 뒤 고갱이 한 말이 전부라고 해도 과언이 아니다. 그는 "고흐가 나와 말다툼을 한 뒤 방으로 돌아가서 스스로 자기 귀를 잘랐어요"라고 말했다. 하지만 오늘날 새롭게 제기된 주장 중에는 '몸에 호신용 칼을 지니고 있던 고갱이 고흐와 격렬히 다투던 중 위협할 의도로 꺼내 휘두르다가 실수로 그의 귀를 잘라버렸다'는 주장도 있다.

'귀 절단 사건' 이후 입원한 고흐의 담당의 펠릭스 레이는 고흐의 왼쪽 귀가 거의 대부분 잘린 상태로 경동맥까지 치명적인 상처를 입히며 잘려나갔다고 증언했다. 아무리 고흐가 제정신이 아니었다고 해도 마취도 하지 않은 채 자기 힘과 의지로 그렇게 무참히 귀를 잘라내는 게 과연 가능했을까?

진실은 여전히 베일에 감춰져 있다. 사건의 당사자이자 희생자인 고흐가 이 사건에 대해 아무 말도 남기지 않았기 때문이다. 어쩌면 고흐는 고갱을 보호하고 감싸주려 한 게 아니었을까?

아무튼 이 사건을 계기로 고흐는 자신의 광기를 인정하고 아를에서 그리 멀지 않은 생레미의 생 폴 요양원에 입원했다. 그림을 그리다 보면 돌연 자살 욕구가 높아질 때도 있었다. 화가로 성공하기를 간절히 바라고 꿈꾸었던 고흐의 심신은 이미 임계점을 넘어 타버리기 직전이었다.

권총 자살을 선택한 고흐,
그 순간에도 그는 살고 싶어 했다고?

고흐는 파리에서 북서쪽으로 30킬로미터 남짓 떨어져 있는 오베르쉬르우아즈라는 작은 마을에 머무르고 있었다. 이는 '귀 절단 사건'으로부터 약 2년 후인 1890년 7월 29일의 상황이었다.

그곳에서 알게 된 의사 가셰는 "마음의 병이 재발하는 일은 이제 없을 것이다"라고 장담했으나 고흐는 밀밭에서 권총으로 자살했다.

고흐는 사실 살고 싶어 했던 것으로 보인다. 그랬기에 죽음이 두려워 머리나 심장을 쏘지 못하고 하복부에 총알이 박힌 상태로 36시간 넘게 괴로워하다가 사망하게 된 것이다.

다시 곰곰이 생각해보면 그런 고흐가 자기 왼쪽 귀 대부분을 스스로 잘라버리는 일이 과연 가능했을까 하는 의구심이 마음속에서 자꾸 고개를 든다. 위대하나 불운했던 화가 빈센트 반 고흐의 안타까운 죽음이었다. 그의 나이 서른일곱 살이었다.

고흐가 권총으로 자살에 이른 것은 그의 광기어린 발작 때문이라고 설명하는 것이 오히려 쉬울지도 모르겠다. 하지만 만년이 될수록 그의 화풍은 점점 더 개성이 넘쳤으며 명작이라 할 만한 위대한 작품을 계속해서 남겼는데, 바로 이 점이 그가 미치지 않았음을 증명하는 확실한 증거가 아닐까.

고흐의 장례식은 그의 삶만큼이나 쓸쓸했다. 관에는 하얀색 천이 씌워졌고 그 위에 친구들 손에 들려온, 고흐가 살아생전 사랑했던 해바라기와 노란색·오렌지색 여름 꽃이 빼곡히 놓였다.

고흐는 자살을 했기 때문에 기독교 교회에서 장례식을 치를 수 없었다. 대신 고흐를 이해하고 동정해주는 이웃마을에서 장례마차를 빌려 모든 종교적 절차를 배제한 채 그의 유해는 공동묘지에 묻혔다. 훗날 동생 테오도 사랑하는 형 고흐의 곁에 묻혔다.

3

남자가 지배하는 세상에서 존재감을 빛낸 여자 이야기

episode

10

‘독립적인 여자’의 아이콘, 코코 샤넬의 감춰진 실체는?

'오롯이 자기 힘으로 성공을 일군
당당하고 독립적인 샤넬' vs.
'평생 남자들에 기대어 성공한 의존적 샤넬',
어느 쪽이 진실에 가까울까?

대표적 명품 브랜드 '샤넬'의 창업자이자 전설적인 디자이너 코코 샤넬(Coco Chanel). 그의 이름은 가브리엘 샤넬(Gabrielle Chanel, 1883~1971)이다. 다음 문구는 샤넬의 디자인 철학이 담긴 유명한 명언이다.

"'샤넬의 패션'이라고 사람들은 말하지만 이는 정확한 표현은 아니다. 샤넬은 하나의 '스타일'이다. 패션은 지나가도 '스타일'은 남는다."

코코 샤넬은 20세기 초 급변하는 세상과 당당히 맞서며 '스타일'이라는 불변의 가치를 창조하기 위해 쉼 없이 노력한 대가였다.

만약 샤넬이 평범한 여성이었다면 경제력이 있는 남자를 만나 결혼해서 안정적인 삶을 꾸리고 싶어 했을 것이다. 당시 유럽은 여성의 몸으로 자립해서 자기가 원하는 방향으로 인생을 살아가는 일이 거의 불가능한 사회였다.

그렇다면 샤넬은 과연 오롯이 자신의 힘과 의지로 운명을 개척했을까? '그렇다'라고 말할 수 있다면 좋겠지만 유감스럽게도 그렇지 않았다. 사실 그는 평생 남자들에게 금전적 지원을 포함한 많은 후원을 받았다.

샤넬은 평범한 남자의 평범한 아내가 되는 길이 아니라 자신의 '일'을 창조하고 그 일에서 성공을 이루는 길을 걸었다. 그러자면 신분과 지위가 높은 남자의 연인이 되어 물심양면의 대대적인 지원을 받아야 했다.

부유한 영국인 아서 카펠에게 재정적 도움을 받아
샤넬사의 역사적 출발점이 되는 모자 가게
'샤넬 모드'를 오픈하다

1883년, 샤넬은 프랑스 중서부의 작은 시골 마을 소뮈르에서 태어났다. 그는 어린 나이에 보육원과 수도원에 맡겨져 고아처럼 자랐다. 그가 어렸을 때 어머니가 중병에 걸려 세상을 떠난 데다 보따리 장사였던 아버지가 양육을 포기했기 때문이다. 샤넬은 만 열여덟 살이 되자마자 갑자기 문이 열린 새장 안의 새처럼 세상으로 뛰쳐나왔다. '열여덟 살'은 당시 프랑스에서 한 개인이 비로소 어른으로 인정받는 나이였다.

처음에 샤넬은 양장점에 취직해 성실하게 일했다. 그러던 그는 언제부턴가 클럽 가수가 되기를 꿈꿨고 열심히 노력한 끝에 그 꿈을 이뤘다. '코코 샤넬'은 그가 직접 지은 별칭으로, 가수 시절 십팔번이던 샹송 〈코코리코〉에서 딴 이름이다. 그는 가벼우면서도 메마른 울림이 느껴지는 '코코'라는 이름을 마음에 들어 했다고 한다.

그 후 샤넬은 프랑스군 장교이면서 목장을 경영하는 에티엔 발상(Étienne Balsan, 1878~1953)을 만났고 그의 집에서 상류층 사람들과 사귀게 된다. 샤넬과 에티엔은 서로 허물없는 친구이면서 마음 편히 섹스할 수 있는, 뭔가 모호하고도 미적지근한 관계였다.

1909년, 한가로운 시골 생활을 즐기며 소일거리 삼아 샤넬이 만든 모자가 지인과 친구들 사이에 큰 인기를 끌었고 감각이 탁월하다는 평가를 받았다. 이에 샤넬은 잘하면 이 아이디어와 솜씨로 큰돈을 벌 수 있겠다고 여겨 과감히 사업에 뛰어들었다. 그리고 그 결정이 인생의 커다란 전환점이 되었다.

샤넬은 파리 말제르브 대로에 모자 아틀리에를 마련하고 싶었으나 임대료를 구할 수 없었다. 그때 샤넬을 도운 이가 바로 에티엔이었다. 그러나 이듬해에 샤넬은 에티엔 친구들의 사교모임에서 부유한 영국인 아서 카펠(Arthur Edward Boy Capel, 1881~1919)을 만나 사귀었다. 이로써 그는 에티엔이라는 열차에서 카펠이라는 열차로 갈아탄 셈이었다.

1910년 샤넬은 카펠의 재정적 도움을 받아 파리 캉봉 거리에 모자 가게 '샤넬 모드(CHANEL MODES)'를 오픈했다. 샤넬 모드는 나중에 '샤넬사'의 출발점이 되는 역사적 가게다.

'애인'으로는 받아들여져도
'아내'로는 받아들여지지 않는다?

샤넬은 유럽 사교계에서 여름 휴양지로 유명한 도빌에 '샤넬 모드' 2호점을 오픈했다. 1913년의 일이었다. 그리고 제1차 세계대전이 끝난 1915년에는 의상 디자인도 본격적으로 시작했다.

샤넬은 아서 카펠을 진심으로 사랑했다. 하지만 그는 샤넬과 결혼하는 대신 영국 상원의원의 딸과 정략결혼 하는 길을 택했다. 카펠에게 샤넬은 '애인'으로 받아들여졌으나 '아내'로는 받아들여지지 않은 것이었다. 당시 유럽 사회에서 상류계급의 남자는 같은 상류계급의 여자만 결혼 상대로 인정했다. 그렇기는 해도 두 사람은 한때 사랑했던 연인으로서, 서로 깊이 이해해주는 친구로서 그 후에도 신뢰 관계를 유지했다고 한다.

아서 카펠은 남프랑스의 휴양지 코트다쥐르를 향해 가던 중 자동차 사고로 사망했다. 1919년의 일이었다. 샤넬은 행복이 무지개처럼 손에 닿을 듯 말 듯 하다가 갑자기 나락으로 떨어지는 것 같은 절망감을 맛보았을 것이다. 그러나 그런 경험이 없었다면 오늘날 우리가 아는 세계적 디자이너 샤넬은 탄생하지 않았을지 모른다. 아서의 갑작스러운 죽음을 슬퍼하며 탄식하는 일로 하루하루를 보내던 샤넬은 절망과 슬픔을 딛고 일어나 다시 디자이너의 인생을 개척하기 시작했다.

"연인에게는 반지 정도 무게의 부담감도 주지 않았다"고? 에이, 설마!

"단점은 하나의 매력이 될 수 있는데도 모두 감추려고만 한다. 단점을 지혜롭게 활용하면 된다."

샤넬이 남긴 수많은 명언 중 하나다. 이 말에서 그의 독특한 가치관이 드러난다.

멋진 말을 많이 남기며 '독립적이고 자주성이 강한 여자'라는 이미지를 구축한 샤넬이지만 그의 인생을 통틀어 남자에게 도움과 보호를 받지 않은 시기는 거의 없다. 그는 인생 말년에 "연인에게는 반지 정도 무게의 부담감도 주지 않았다"라고 말하지만 이는 사실이 아니다. 오히려 정확히 그 반대였다고 말해도 지나치지 않을 정도다. 그럼에도 샤넬의 '자립한 여자'라는 이미지가 실추되지 않는 것은 그가 오로지 결혼만을 목적으로 남자들과 사귀지는 않았기 때문이다.

N°5
CHANEL
PARIS
PARFUM

당시 여자들은 나이가 차면 결혼해서 가정을 이루고 '남자에게 순종하는 존재'가 되는 것이 상식이었다. 그런데 샤넬은 평생 동안 결혼하지 않고 독신으로 지내면서도 항상 연인을 두고 있었다. 그에게 '남자와의 교류'란 어떤 의미였을까? 아마도 자기 인생을 다채롭고 화려하게 채색하는 일이자 자신의 일을 든든히 뒷받침해주는 후원 루트를 확보하는 일이지 않았을까!

20세기 초반 프랑스 상류사회에는 러시아제국이 붕괴하고 소비에트 정권이 들어서면서 자유를 찾아 망명 온 러시아 귀족이 많이 있었다. 샤넬은 그중 한 사람, 디미트리 파블로비치 대공(Grand Duke Dimitri Pavlovich of Russia, 1891~1942)의 연인이 되어 러시아 귀족들 속으로 자연스럽게 스며들었다.

"여자는 마흔을 넘기면서 처음으로 즐거워진다!"

샤넬이 남긴 이 명언대로 그의 인생도 마흔을 맞이하면서 몇 번의 커다란 변화를 준비하고 있었다.

'샤넬' 하면 자동으로 연상되는 'No. 5'. 이 향수는 'No. 22'와 함께 그가 파블로비치 대공에게 소개받은 천재 조향사 에르네스트 보(Ernest Beaux)가 개발했다. 두 향수의 놀라운 특징은 심플한 이름 외에도 '인공 머스크'라는, 그때까지 전문가들이 향수 소재로 사용하기 꺼리던 재료까지 과감히 사용한 '백퍼센트 새로운 향'이라는 점이었다. 샤넬은 기존의 상식을 완전히 뒤엎은 이 향수의 성공을 확신하고 있었다. 그는 고급 레스토랑 등 상류계급이 자주 드나드는 장소에 슬쩍 향수를 뿌려놓고 사람들의 반응을 지켜보며 즐거워했다고 한다.

그 후 샤넬의 향수는 미국에서 엄청난 인기를 끌며 전 세계로 거침없이 뻗어나갔으며, 샤넬사의 브랜드인 의복 등의 매출이 떨어져 어려움에 빠질 때마다 경영에 숨통을 틔워주고 활로를 만들어주었다.

샤넬은 왜 나치스 독일 장교와의 염문설로 시련을 겪어야 했을까?

제2차 세계대전 중 프랑스를 점령한 나치스 독일 장교와 코코 샤넬의 연인 관계가 시작되었다. 이후 샤넬은 그 죄로 감옥에 끌려가게 된다.

샤넬의 '나치스 연인'은 발터 셸렌베르크(Walter Schellenberg, 1910~ 1952)로, 히틀러의 오른팔로 나치스의 비밀경찰 게슈타포를 총괄하던 거물 하인리히 힘러(Heinrich Himmler, 1900~1945)의 측근이었다. 샤넬의 나치스 인맥은 여기서 그치지 않았다. 그는 셸렌베르크를 통해 알게 된 게슈타포 관계자 한스 귄터 폰 딩클라게(Hans Günther von Dincklage, 1896~1974) 남작과도 연인 관계를 맺었다.

당시 프랑스에서 나치스 독일과 연결고리를 갖고 있던 디자이너가 샤넬만은 아니었다. 그런 부류의 사람들 대다수는 프랑스가 나치스 독일에 점령되기 전에도 상류층을 상대로 활발히 로비를 펼쳤으며 전쟁 중에도 일과 자금을 확보하기 위한 수단으로 인맥을 적극적으로 만들고 활용했다. 샤넬의 경우는 좀 더 구체적인 이유가 있었던 것으로 보인다. 즉 경영 악화로 눈물을 머금고 유대인계 상인에게 넘겨야 했던 향수 사업 '퍼퓸 샤넬'을 되찾으려는 꿍꿍이 속내가 있었던 게 아닌가 싶다.

어쨌든 그로 인해 '프랑스의 중요한 정보를 나치스에게 넘긴 스파이'가 아니냐는 의혹이 불거지고 나치스 기혼자 남성과의 불륜, 그것도 한 명이 아닌 여러 명의 남성이 들추어지자 세상은 샤넬에게 싸늘한 시선을 보냈다.

사면초가의 절박한 상황에 놓인 샤넬을 도운 이는 역시 그의 '옛 연인'들이었다. 그중에는 전쟁 전 샤넬과 오랫동안 연인 관계였던 영국 왕실 관계자와 웨스트민스터 공작(Hugh Grosvenor, 2nd Duke of Westminster, 1879~1953)도 포함되어 있었다. 특히 웨스트민스터 공작이 영국 총리 윈스턴 처칠의 마음을 결정적으로 움직인 덕분에 샤넬은 무사히 석방되어 1945년 스위스로 망명하는 데 성공한다.

"스무 살의 얼굴은 자연의 선물이고, 쉰 살의 얼굴에서는 당신의 가치가 묻어나온다."

이는 샤넬이 남긴 또 하나의 명언인데, 이때 그는 영욕의 세월을 지나 육십 대를 목전에 둔 나이였다.

"잘 봐…… 이렇게 사람은 죽는 거야!"

—87년 영욕의 세월을 뒤로하고 디자인계의 큰 별이 지다

그 즈음 샤넬에게는 가장 오래되고 가장 마음 든든한 연인이 있었다. 그것은 바로 '디자인'이었다.

당시 샤넬은 외양이 무척 화려하면서도 활동하기 편한 '트위드'라는 신소재를 사용한 샤넬 정장을 개발했는데, 미국 커리어우먼 사이에 큰 인기를 끌었다. 이렇게 디자이너 샤넬의 전성기가 다시 찾아왔다. 1955년 무렵의 일이었다.

샤넬은 평소 "일요일이 두렵다. 왜냐하면 아무도 일을 하지 않기 때문이다"라고 말하곤 했다고 한다. 한데 흥미롭게도 그가 사망한 1971년 1월 10일은 바로 그 '일요일'이었다.

죽음을 직감한 샤넬은 자기 옆에서 걱정스러운 눈으로 바라보던 가정부에게 이렇게 말했다고 전해진다.

"잘 봐…… 이렇게 사람은 죽는 거야!"

그러고는 조용히 숨을 거두었다. 그의 나이 여든일곱 살이었다. 샤넬은 고국 프랑스가 아닌 스위스 로잔에서 생을 마감했다. 그때까지도 제2차 세계대전 중 그가 나치스 주요 인사들과 맺은 복잡한 관계가 논란의 불씨가 되어 조용히 타오르고 있던 터라 고국 프랑스로 돌아올 수 없었기 때문이다.

코코 샤넬의 87년 인생은 그야말로 영광스러움과 욕됨이 뒤얽힌 영욕의 세월이었던 셈이다.

N°5
CHANEL
PARIS
PARFUM

episode

11

〈춘희〉의 모델이 된 슬픈 고급 매춘부 마리 뒤플레시

19세기 프랑스 파리 사회를 은밀히 주물렀던 독특하고 매혹적인 존재, 드미몽덴

망원경을 들고 이리저리 살피다가 19세기 프랑스 파리 사회에서 멈추고 자세히 들여다보면 흥미로운 것을 많이 발견하게 된다. 그 가운데 '드미몽덴(Demi-Mondaine)'이라는 독특하고도 흥미로운 존재를 발견하고 시선을 고정한 채 한동안 몰두하게 될 가능성이 크다.

이쯤 되면 독자는 '드미몽덴'이 과연 무엇인지 궁금해지지 않을 수 없을 것이다. 드미몽덴이란 '반(半) 사교계 여자', 말하자면 '고급 매춘부'다. 그런데 자세히 살펴보면 드미몽덴과 고급 매춘부의 실제 모습에는 서로 다른 점이 많다. 고급 매춘부는 드미몽덴이 지닌 섬세하고도 다층적인 뉘앙스를 온전히 담아내지 못한다. 예를 들어 『나비 부인』이라는 작품에 등장하는 일본의 고급 매춘부 요시하라 같은 기생은 행동에 상당한 제약을 받은 데 반해 프랑스의 드미몽덴은 무엇에도 구애됨이 없이 자유롭게 다니고 행동했으며 소비와 사치, 향락을 한껏 즐겼다. 그러나 여기서 멈춘다면 드미몽덴은 고급 매춘부와 다를 바 없어 보인다.

그렇다면 과연 무엇이 확실한 차별점을 만들었을까? 드미몽덴으로서 사람들에게 인정받기 위해서는 자신의 라이프 스타일 전반을 그야말로 '예술의 경지'까지 끌어올릴 필요가 있었다. 드미몽덴 중에는 배우 활동을 겸하는 경우도 종종 있었다. 그들의 진정한 무대는 직업상 오르는 그 무대를 내려오면서 시작되었다. 자신의 인생이라는 무대에서 자기 자신을 최고로 빛나게 하기 위해 왕후·귀족이나 부르주아 계급에게 원조를 받으며 생활하는 여성, 이것이 바로 드미몽덴이라는 존재의 본질이라고 할 수 있지 않을까.

어느 드미몽덴이 부유한 한 남자의 진부하기 짝이 없는 비유를 동원한 프러포즈를 멋진 비유를 들어 거절한 일화는 흥미롭고 유쾌하다. 그 부자가 자신이 사랑하는 드미몽덴에게 사랑을 고백했다.

"태양이 장미꽃을 사랑하듯 당신을 사랑하오!"

드미몽덴이 되받아쳤다.

"달이 태양을 싫어하듯 나는 당신이 싫은 걸요! 당신이 일어날 때 나는 잠들고 당신이 잠들 때 나는 일어날 거예요."

특별히 인기 있는 드미몽덴은 자신을 지지하고 열렬히 응원해주는, 요즘에 빗대어 말하자면 '아이돌 팬클럽' 같은 그룹을 끼고 있었다. 어떤 의미에서 그들은 오늘날의 슈퍼스타 연예인과 비슷한 존재였던 셈이다. 드미몽덴은 공주와도 같은 고귀한 신분으로 태어난 귀족 여성은 상상조차 할 수 없을 만큼

다양한 수단과 방법을 동원해 어떻게든 살아남아야 하는 존재였다. 또 그들은 많은 여성이 가슴 깊이 품고 있는 '악녀처럼 제멋대로 행동하고 싶다'라는 본능적 욕구와 충동을 충족해주는 존재이기도 했다.

악독함이 아닌 청순함으로 유명해진 전설적인 드미몽덴, 마리 뒤플레시

드미몽덴에게는 무지개 프리즘처럼 다양한 스펙트럼이 존재했다. 그중에는 악독함 따위와는 전혀 관계없는, 오히려 청순함으로 유명해진 드미몽덴도 있었다. 그들은 '천사 같은 매춘부'라는 이름으로 불렸는데, 알렉상드르 뒤마 피스(Alexandre Dumas fils, 1824~1895)가 1848년에 발표한 연애 소설 『춘희(La Dame aux Camélias)』의 모델로 삼아 전설적 존재가 된 마리 뒤플레시(Marie Duplessis, 1824~1847)가 대표적이다.

마리는 우아함을 타고난 여성이었다고 한다. 19세기 프랑스 작가 귀스타브 클로댕(Gustave Claudin, 1819~1896)은 그를 두고 이렇게 말했다.

"무척이나 화사하면서도 얼굴은 눈처럼 하얗고 땅에 닿을 듯 찰랑거리는 머릿결의 마리는 '스타'가 될 자격을 충분히 갖추고 있었다."

뒤플레시는 목사가 첩에게서 얻은 자식으로 1824년 1월 15일 노르망디의 한 마을에서 태어났다. 본명은 알퐁신 로즈 플레시다.

비록 첩이라고는 해도 뒤플레시의 어머니는 몰락한 명문가 출신이었다. 이 점만 보아도 청순함과 섹시함이 기묘하게 섞인 그의 분위기와 이미지가 우연히 만들어지지 않았음을 알 수 있다. 하지만 그런 출신 배경 탓에 결혼을 하기 힘들었던 데다 배운 것은 없어도 아름다운 외모를 가진 그는 열다섯 살의 어린 나이에 매춘 일을 시작했다.

열일곱 살이던 뒤플레시는 내무성에서 일하던 어느 자작과의 사이에 남자아이를 낳았는데 불행히도 아이를 빼앗기고 두 사람의 연인 관계도 파탄을 맞이했다.

그 후 뒤플레시는 드미몽덴으로 인기를 얻어갔다.

"그의 뛰어난 아름다움과 박복함이 오히려 우아함을 예술의 경지로 끌어올리는 도구가 되었다."

뒤플레시의 열성팬이던 작가 귀스타브 클로댕의 말이다.

열아홉 살의 뒤플레시는 파리의 고급 주택가인 몽타보르가 28번지의 호화로운 저택에서 지내게 된다. 그 무렵 그는 오전 11시쯤 일어나 아침 식사를 하고 신문을 읽고 피아노를 연습했다. 당시 그를 가르친 피아노 선생 중에는 일류 피아니스트 프란츠 리스트도 있었다. 오후에 뒤플레시는 드레스를 갈아입은 뒤 마차를 타고 블로뉴 숲을 산책하고 손님을 맞이했다. 밤에는 사교 클럽에 가서 춤을 추거나 연극을 보러 갔다. 그는 특히 연극 관람을 좋아했는데, 드미몽덴으로서의 생활을 부끄러워하여 자신이 후원하는 여배우에게 편지와 꽃다발을 보낼 때도 웬만해서는 이름을 밝히지 않았다고 한다.

뒤플레시는 스무 살 즈음 아버지 연배의 슈탁켈베르크 남작과 사귀었다. 남작은 뒤플레시에게 여러 가지 역할을 요구했다. 그 탓에 그는 남작의 연인인 동시에 어린 나이에 사망한 남작의 친딸 역할도 해야 했다.

그 당시에 있었던 재미있는 에피소드가 전해 내려오는데, 여기에 소개할까 한다.

어느 날 어떤 사람이 뒤플레시에게 '치아가 아름답다'고 칭찬하자 그는 다음과 같은 의미심장한 말을 남겼다.

"거짓말을 하면 이빨이 하얘진답니다."

백작과 결혼하여 신분 상승의 꿈을 이루었으나 경제적으로 비참한 상황에 빠진 뒤플레시

뒤플레시의 운명에 커다란 전환기가 찾아왔다. 에두아르 드 페레고 백작과 우연히 만나 그의 정열적인 프러포즈를 받아들이고 진지하게 사귀며 서로 사랑하는 관계가 되면서부터였다. 운명적인 사랑의 불꽃이 일어난 곳은 파리 오페라극장의 가면

무도회에서였다.

사실 뒤플레시는 페레고 백작을 그때 처음 알게 된 것은 아니었다. 그는 페레고 백작을 예전부터 알고 있었고 남 몰래 가슴속에 연정을 품고 있었다. 하지만 뒤플레시는 백작에게 자신의 마음을 표현할 수 없었다. 드미몽덴에게는 '사랑하는 남자가 있어도 절대로 자기가 먼저 사랑을 고백해서는 안 된다'라는 규칙이 있었기 때문이다.

드미몽덴 세계에서 남자가 자신을 얼마나 사랑하는지는 자신에게 주어지는 금액으로 결정되었다. 기묘한 규칙으로 생각되겠지만 그것이 그 세계에서 통용되는 법칙이었다. 그러므로 드미몽덴이 깊이 사랑하는 남자일수록 막대한 경제적 부담을 떠안기는 셈이었다.

뒤플레시는 순수한 소녀의 감성을 간직하고 있었다. 그는 자신이 진심으로 사랑하는 페레고 백작에게 부담을 주고 싶지 않았던 것으로 보인다. 당시 페레고 백작이 속했던 최상위층은 스무 살이 되기 전 대부분 같은 신분의 사람과 결혼했고 한 번 결혼한 뒤에는 이혼하는 경우가 거의 없었다.

그런 분위기에서 페레고 백작은 사랑하는 뒤플레시를 위해 오랜 세월 함께한 아내와 정식으로 이혼하고 다른 연인들과의 관계도 정리했다.

스물두 살 뒤플레시는 마침내 페레고 백작과 결혼했다. 하지만 안타깝게도 이 '진정한 사랑'이 그를 불행의 나락으로 떨어뜨렸다.

페레고 백작의 아버지는 은행가였다. 그러므로 백작은 파리의 사교계에서도 굴지의 부자로 명망이 높았으나 그는 한순간에 빈털터리가 되어버렸다. 오랫동안 방탕한 생활을 하면서 돈을 물 쓰듯 쓴 데다 막대한 이혼 비용까지 부담해야 했기 때문이다. 그의 수중에 남은 거라고는 막대한 액수의 빚뿐이었다. 이후 페레고 백작은 돈을 구하려고 이리저리 돌아다니느라 뒤플레시의 얼굴조차 보러 오지 않는 날이 많았고 생활비도 제대로 주지 못했다.

뒤플레시는 '백작 부인'이라는 호칭을 얻은 데에 만족해했으나 그럴 듯한 신분을 얻는 대신 빚에 허덕이며 생활해야 하는 가련한 신세가 되었다. 당시 그가 사는 마들렌가의 아파트에서는 시나브로 물건이 사라져갔다. 채권자들이 하루가 멀다 하고 찾아와 마치 약탈하듯 뒤플레시의 소중한 물건을 가져가 버렸기 때문이다.

생활고 탓에 상황이 악화되었기 때문이기도 하지만 뒤플레시는 오래 전부터 앓아왔던 결핵으로 그 무렵 주로 침대에 누워 지냈다. 그런 뒤플레시는 안중에도 없다는 듯 채권자들은 방 안을 어슬렁거리며 돈 될 만한 것을 찾아 들고 나갔다. 프란츠 리스트는 당시의 상황을 이렇게 묘사했다.

"결국 그들은 죽어가는 뒤플레시를 방치해 둔 채 창문의 커튼까지 떼어갔다."

죽기 직전 뒤플레시는 왜 '하얀색 동백꽃'을 품에 안고 팔레 루아얄 극장에 나타났을까?

사람들이 마리 뒤플레시의 모습을 마지막으로 본 것은 1847년 1월말이다. 팔레 루아얄 극장에 나타난 그는 백짓장처럼 창백한 얼굴에 마치 투명한 그림자처럼 보였다고 한다. 그는 하얀색 동백꽃으로 만든 커다란 꽃다발을 품에 안고 있었다.

뒤플레시는 꽃을 좋아했으나 하얀색 동백꽃을 특별히 좋아하지는 않았다. 그런 그가 사람들 앞에 마지막으로 모습을 드러내면서 다른 꽃이 아닌 '하얀색 동백꽃'을 품에 안고 나타난 이유는 무엇이었을까? 아마도 사람들에게 영원한 이별을 알리고자 한 것은 아니었을까? 우연인지는 몰라도 오늘날까지 프랑스에서는 장례식장에서 하얀색 꽃을 사용한다. 문득 나는 '하얀색 꽃'의 의미를 곱씹어보게 된다.

뒤플레시는 결핵성 고열로 사경을 헤매며 헛소리를 할 정도로 고생하다가 죽음을 맞이했다. 그가 사람들 앞에 하얀색 동백꽃을 품에 안고 나타나고 얼마 지나지 않은 2월 3일의 일이었다. 안타깝게도 스물세 살 꽃다운 나이였다.

뒤플레시가 죽자 한때 연인이자 아버지와 같은 존재였던 슈탁켈베르크 남작이 장례식을 치러주었다. 그가 남긴 유품은 모두 경매 처분되었는데 머리빗이나 낡은 솔, 무척이나 아끼고 귀여워한 애완 잉꼬까지 사교계의 인기 있는 여성들에게 놀라우리만큼 비싼 가격에 팔렸다고 전해진다.

진정한 사랑을 알고 난 뒤 영롱한 아침이슬처럼 사라져간 뒤플레시의 인기는 대단했다. “드미몽덴이 된 까닭은 인생의 아름다움과 기쁨을 알고 싶었기 때문”이라고 말한 마리 뒤플레시. 십 대 후반에 이미 자신이 결핵에 걸렸다는 사실을 알고 일부러 고급 매춘부의 길을 걷기로 했는지도 모를 일이다. 그리고 그는 짧은 인생을 자신의 죽음으로 완성하는 독창적인 무대로 만들며 살았다.

episode

12

나폴레옹 3세의 황후 외제니는 왜 그토록 앙투아네트에게 심취했을까?

외제니가 결혼 전 '철의 여인'이라는 별명을 얻게 된 이유

훗날 '프랑스 최후의 황후'로 불리게 될 아이가 스페인 그라나다에서 태어났다. 1826년의 일이었다. 그는 바로 제2제정 시대 나폴레옹 3세의 황후가 된 외제니 드 몽티조(Eugénie de Montijo, 1826~1920)다.

외제니의 아버지 시프리아노(Cipriano Portocarrero)는 스페인 귀족으로 위대한 황제 나폴레옹을 흠모했고 나폴레옹의 나라 프랑스를 동경했다. 그러므로 그는 가정에서 가족들과 대화할 때 프랑스어를 모국어처럼 사용했다.

시프리아노는 딸 외제니가 열세 살 되었을 때 세상을 떴다. 이후 외제니와 함께 그보다 한 살 더 나이 많은 언니 파카가 아버지의 작위와 재산의 대부분을 물려받았다. 당시 여러 명의 자녀 중에서 두 사람만 법적 권리를 가진 성인이었기 때문이다.

아름다운 외모의 외제니는 개성이 강하고 성격이 조금 독특했는데, 그런 탓인지 귀족 남성에게 프러포즈를 받아도 연거푸 거절하곤 했다. 그 탓에 결국 그는 '철(鐵)의 여인'이라는 그다지 명예롭지 못한 별명까지 얻게 되었다.

자신의 인생을 송두리째 뒤바꿔놓을

남자 나폴레옹 3세와의 운명적이고도 불길한 만남

그런 외제니의 운명을 송두리째 뒤바꾸어놓는 일이 생겼다. 그것은 바로 나폴레옹의 조카뻘인 루이 나폴레옹(Louis-Napoléon Bonaparte, 1808~1873)과의 만남이었다.

프랑스 부르봉가에 의한 복고왕정 시대가 바야흐로 끝을 맞이했다. 1830년의 일이었다. 그에 따라 루이 나폴레옹은 보나파르트가에 의한 천하 재통일을 꿈꾸었고 그 꿈을 달성하기 위한 정치활동으로 분주해졌다.

1848년, 스물두 살이 된 외제니는 루이 나폴레옹에게 초대받고 프랑스 파리 엘리제궁의 무도회에 어머니와 함께 참석했다.

당시 루이 나폴레옹은 제2공화정 프랑스의 대통령이었다. 그는 자아도취 성향이 강한 인물인 데다 자신이 위대한 황제 보나파르트 나폴레옹의 조카라는 사실을 무척 자랑스러워했다. 루이는 삼촌 못지않게 여성 편력이 심했는데, 연인인 여성들의 막대한 경제적 원조를 받으며 프랑스 대통령에 취임했다.

무도회 분위기가 한창 무르익을 무렵 루이 나폴레옹은 외제니에게 편지를 보냈다. 편지에는 "둘이서 조용히 만납시다"라는 글귀가 적혀 있었다. 루이가 정한 장소는 사람들의 왕래가 거의 없는 정원의 정자였다. 두 사람은 그곳에서 만나 얘기를 나눴는데 이때 루이의 언행은 상당히 노골적이었다고 한다.

당시 루이 나폴레옹의 나이는 마흔한 살을 넘어가고 있었다. 여기에 한 가지 덧붙이자면, 그는 오랜 세월 술과 여자에 빠져 방탕한 생활을 했기에 실제보다 훨씬 나이 들어 보였다고 한다. 그럼에도 외제니는 루이 나폴레옹에게 뭔가 강력한 '예감'을 가졌던 것 같다. 그 예감이란 다름 아닌 '자신의 인생을 바꾸어줄 가능성'이었다.

"나는 당신의 애첩 중 한 명이 될 생각은 없습니다"

당시 대통령 신분이던 루이 나폴레옹은 프랑스 정부를 향해 갑작스럽게 쿠데타를 감행했고 국민의 압도적이고 열광적 지지를 한 몸에 받으며 황제로 즉위했다. 1851년 12월의 일이었다. 루이 나폴레옹은 숙부인 '위대한 나폴레옹'처럼 프랑스 황제 자리에 오른 뒤 자신을 '나폴레옹 3세'로 부르도록 했다.

이로써 제2제정 시대가 막을 열었다. 외제니와 나폴레옹 3세의 교류는 계속 이어졌으나 이렇다 할 진전은 없었다. 외제니의 보수적인 생각 때문이었다. 그는 양가 규수라면 결혼 전까지 반드시 순결을 지켜야 한다고 굳게 믿었다고 한다.

한편 나폴레옹 3세는 많은 연인과 애첩을 두고 있었다. 현대인의 시각으로 보자면 마치 성도착증에 걸린 듯 보일 수도 있지만 당시 유럽의 상류계급 여성들은 결혼한 뒤에는 육체관계를 포함한 '어른의 연애'를 즐길 수 있었다. 나폴레옹 3세는 그렇듯 편하게 연애를 즐길 수 있는 유부녀 애첩에 둘러싸여 있었기에 결혼의 필요를 별로 느끼지 못하고 독신인 채 방탕한 생활을 이어나갔던 것으로 보인다.

어느덧 외제니의 나이도 스물여섯 살을 넘어서고 있었다. 당시 유럽 귀족 여성의 결혼 적령기를 훌쩍 지난 적지 않은 나이였다. 외제니는 더 꾸물거리고 싶지 않았다. 루이 나폴레옹, 즉 나폴레옹 3세에게 프러포즈를 받기 위해 외제니는 대담한 계획을 실행에 옮겼다.

"당신은 저를 지켜주겠다고 말하면서도 한 번도 그 약속을 지키지 않았습니다. 저는 많은 사람의 입방아에 오르내리며 당신의 애첩으로 불리고 있습니다. 하지만 저는 절대로 당신의 애첩이 될 생각이 없습니다. 그러므로 내일 당장 이탈리아로 떠날 예정입니다."

앞에서 말한 대로 나폴레옹 3세 주변의 여자들은 대부분 기혼자로, 그저 육체적 쾌락을 얻기 위한 상대이자 음탕함이 넘쳐나는 여인들뿐이었다. 당연하게도 외제니와 같은 순수한 처녀는 눈을 씻고 찾아봐도 발견하기 힘들었다. 외제니가 자신의 처녀성을 최후의 무기로 삼아 루이 나폴레옹의 마음 한복판으로 돌진한 것은 그런 이유에서였다.

이것은 분명한 도박이었으나 나폴레옹 3세는 질긴 그물에 걸린 맹수처럼 그녀의 작전에 꼼짝없이 걸려들었다.

나폴레옹 3세의 얼굴빛이 달라졌다. 애가 달아오른 그는 서둘러 외제니에게 청혼했다. 두 사람은 많은 사람에게 축복받는 결혼식을 올리기로 했다. 1853년, 두 사람은 마침내 결혼에 골인했다. 그러나 그들의 바람과 달리 비난이 끊이지 않았다. 다른 나라의 귀족 여성에 불과한 외제니 따위와의 결혼은 바람직하지 않을 뿐 아니라 신분 차이가 너무 크다는 것이 이유였다.

아무튼 외제니는 그토록 열망해온 프랑스 황후 자리를 손에 넣는 데 성공했다. 그의 나이 스물일곱 살의 일이다.

남편에게 배신당한 뒤 쓸쓸함을 견디는 외제니의 마음에 스며든 앙투아네트의 환영

나폴레옹 3세의 몸 안에 흐르는 '호색한의 피'가 다시 요동치기 시작했다. 결혼한 지 반년도 지나지 않아서였다. 외제니 홀로 자는 밤이 늘어갔다. 그는 화려하고도 퇴폐적인 기운이 짙게 서린 파리의 공기에 스며들지 못하고 외로움에 몸서리쳤다.

남편 나폴레옹 3세의 방탕함은 결혼 전부터 어느 정도 각오하고 있었으나 막상 그가 예전에 사귀던 연인들에게 돌아가는

모습을 보고 있자니 마음 깊이 상처를 받을 수밖에 없었다.

어쨌든 두 사람 사이에 첫 아기가 태어났다. 결혼한 지 3년이 지나서의 일이었다. 하지만 소중한 아기도 나폴레옹 3세의 발걸음을 가정으로 돌려놓지는 못했다.

1860년 어느 밤의 일이었다. 외제니가 서재 문을 열고 무심히 들어섰다가 남편과 한 젊은 여자가 벌거벗은 몸으로 뒹구는 모습을 목격했다. 외제니는 끓어오르는 분노를 견디지 못하고 스코틀랜드로 떠나 한 달이 넘도록 돌아오지 않았다. 그때만은 황후로서의 책임도 공적인 의무도 모두 저버린 상태였다.

그때 고독한 외제니의 마음에 스며든 것은 오래전에 죽은 마리 앙투아네트 왕비의 환영이었다. 오스트리아에서 프랑스 왕가로 시집와 왕자와 공주의 어머니가 되었으나 자신을 이해해주는 사람 하나 없이 외로웠던 여인. 타국에서 온 몸이다 보니 자신의 편이 되어줄 사람도 거의 없었고 오랫동안 불행한 결혼생활을 한 끝에 민중혁명의 희생양이 되어 억울하게 목숨을 잃은 여인, 앙투아네트.

언제부턴가 그런 '비극적 왕비'의 인생에 외제니는 자신의 모습을 투영하기 시작했다. 그는 독서대를 비롯한 마리 앙투아네트가 남긴 온갖 유품을 수집하기 시작했다. 그런 외제니의 행위는 마치 죽은 왕비의 유령에 홀리기라도 한 듯 광기 어린 것이었다.

앙투아네트처럼 '사악한 외국인 아내'로 몰려
남편 나폴레옹 3세의 실정과 전쟁 패배의 책임까지
뒤집어쓰고 목숨을 위협당하는 외제니

외제니의 예상과 달리 제2제정은 이미 몰락의 길을 걷고 있었다. 프랑스 민중은 루이 나폴레옹에게 그의 숙부이자 '위대한 나폴레옹'인 보나파르트가 가졌던 탁월한 군사적, 정치적 수완이 없음을 깨닫기 시작했다.

1870년, 외제니는 프랑스 섭정의 자리에 올라 황제의 대리인으로 정치를 하고 있었다. 나폴레옹 3세가 숙적 프로이센 왕조와 보불전쟁을 치르느라 자리를 비운 탓이었다.

같은 해 9월 3일, 외제니의 귀에 청천벽력과도 같은 소식이 들려왔다. 남편 나폴레옹 3세가 전쟁에 패배했을 뿐 아니라 전투 중 프로이센군의 포로가 되었다는 기막힌 소식이었다. 당대 프랑스 정도의 위상을 지닌 강대국 황제가 적군의 포로가 되는 일은 인류 전쟁사를 통틀어서도 비슷한 사례를 찾기 힘들 정도로 희귀한 일이었다. 당연하게도 프랑스 민중은 큰 충격을 받았다. 그도 그럴 것이 마땅히 백전백승을 거두어야만 하는 '위대한 나폴레옹'의 조카가 그토록 치욕스러운 패배를 겪은 데다 황제인 자신마저 포로 신세가 되었기 때문이었다.

분노한 민중은 외제니가 있는 튀일리궁을 난입했다. 그들의 분노의 창끝은 황제 나폴레옹 3세를 무능력자로 만든 '외국인 아내' 외제니 황후를 향했다. 그것은 마리 앙투아네트를 '외국인 여자'라고 부르며 무능한 루이 16세가 저지른 모든 실정의 책임을 전가하던 프랑스혁명 당시 민중의 모습과 흡사했다.

외제니는 영국으로의 망명을 결정하고 궁전 뒷문으로 탈출을 감행했다. 그대로 있다가는 성난 폭도에게 붙잡혀 꼼짝없이 죽임을 당하리라는 불길한 예감 때문이었다.

프로이센의 포로가 된 나폴레옹 3세는 폐위되었고 프랑스에서는 제3공화제가 시작되었다. 외제니는 런던에서 그리 멀지 않은 치슬허스트라는 마을에서 짐을 내리고 남편 루이 나폴레옹이 도착하기만 기다렸다.

"불행한 처지가 되면 사람은 자신이 어떤 존재인지 비로소 알게 된다"라는 마리 앙투아네트의 말을 이때만큼 뼛속 깊이 느낀 적도 없었을 것이다.

외제니 황후는 이런 절망적인 상황에서도 포기하지 않고 남편이나 아들이 멋지게 재기하리라 기대했으나 안타깝게도 그 꿈은 끝내 이루어지지 않았다.

여성 참정권 운동에 헌신하며 백팔십도 다른 인생 후반을 살다

1873년 1월 9일, 루이 나폴레옹은 예순네 살의 나이로 사망한다. 그가 외제니와 결혼한 지 20년, 제2제정이 붕괴한 지 2년 반이 지나서의 일이었는데 방광결석 수술을 받은 것이 직접적인 원인이었다.

그 후 외제니에게 단 한 명 남은 아들 나폴레옹 외젠 루이 조제프 보나파르트(Napoléon Eugène Louis Jean Joseph Bonaparte, 1856~1879)도 영국 식민지 남아프리카에서 군인으로 복무하다가 반란과 줄루전쟁의 와중에 전사한다. 1879년 6월 1일, 그의 나이 스물세 살이었다.

제정 붕괴를 겪고 가족을 모두 잃고…… 외제니의 삶은 절망 그 자체였다. 그러나 그런 절망적인 상황에서도 그는 무너지지 않고 다시 일어섰다. 놀랍게도 이후 그는 사회활동에 팔을 걷어붙이고 나섰고 꾸준히 헌신했다. 그는 젊은 여자가 단지 여자로 태어났다는 이유만으로 노골적인 차별을 받아서는 안 되며 절대로 꿈을 포기해서는 안 된다는 신념을 품었다. 그리고 그 신념을 열정적으로 전파했다.

비로소 외제니는 유력자의 아내나 어머니로 살아가는 길 외에도 여자가 당당히 성공하는 길이 있음을 깨달았다. 그는 여성 참정권 운동을 대대적으로 벌였고, 여학생들도 바칼로레아(대학 수학 자격) 자격을 취득할 수 있도록 강좌를 개설하여 자유롭게 듣도록 했으며, 여성의 의학부 입학의 길도 열어주도록 온 힘을 다했다. 그저 물처럼 흘러가는 대로 시간을 보내던 황후 시절과는 백팔십도 달라진 삶이었다. 절망을 딛고 일어선 그의 삶은 진정한 성장과 성숙이 무엇인가를 보여주는 좋은 본보기였다.

1920년 7월 11일, 외제니가 세상을 떠난 날이다. 그의 나이 무려 아흔네 살이었다. 그가 죽음을 맞이한 것은 스페인에 있는 언니(1860년 사망)의 손자를 방문하는 여행길에서였다. 백내장이 악화되어 눈이 거의 보이지 않는 상태에 놓여 있던 외제니는 스페인의 어느 병원에서 수술을 받았다. 이때 그는 이런 말을 했다고 전해진다.

"한 번 더 세상을 보거나 아니면 죽거나!"

다행히도 수술 후 외제니는 시력을 회복했다. 그러나 프랑스로 돌아오는 열차를 예매한 뒤 그는 갑자기 쓰러졌고 영원히 프랑스로 돌아올 수 없게 되었다. 그가 세상을 떠난 날은 제정이 붕괴된 날과 같은 요일이었으며, 아들이 죽은 날과 같은 요일이었다. 바로 일요일, 새벽 시간이었다

episode

13

19세기 유럽 사교계와 바이에른 왕가를 뒤집어놓은 스캔들 여왕 롤라 몬테즈

19세기를 뒤흔든 최대의 스캔들 여왕, 롤라 몬테즈

'19세기 최대의 스캔들 여왕'이라는 타이틀을 당당히 거머쥘 인물은 누구일까? 나는 롤라 몬테즈(Lola Montez)를 꼽고 싶다. 이름에서 스페인 기운이 느껴지지만 사실 그는 아일랜드 태생이며 본명은 엘리자 로잔나 길버트(Eliza Rosanna Gilbert, 1821~1861)다.

몬테즈의 출생이나 경력 등에 관한 기록은 남아 있는 것이 거의 없다. 그저 '고급 매춘부'의 한 명으로 치부하기에는 적절치 않다고 할까. 그는 댄서와 여배우로 활발히 활동하며 강한 자기과시욕을 드러내는 등 개성이 강했다. 그렇다고 댄서나 여배우로 인정하기에는 유복한 남자들의 원조에 지나치게 의존한 것으로 보인다.

아무튼 몬테즈는 자주 스캔들을 일으켰고 그것을 자신의 홍보 수단이자 무기로 삼았다. 이런 점으로 미루어 볼 때 그에게는 역시 '스캔들 여왕'이라는 별칭이 가장 어울리지 않나 싶다.

몬테즈는 생전에 자서전을 남겼으며 동시대 사람들이 그에 관해 남긴 기록도 풍부하다. 그 기록을 통해 베일에 싸인 수수께끼 같은 여자 롤라 몬테즈의 민낯을 밝혀보자.

몬테즈는 어린 시절 아버지를 여의었다. 그의 나이 여섯 살의 일이다. 이후 그의 어머니는 다른 남자를 만나 사랑에 빠지고 재혼한 뒤 떠나버렸다. 십 대 초반부터 런던의 학교에 다닌 몬테즈는 열다섯 살 무렵 어느 날 어머니와 재회했다. 당시 그의 어머니는 토머스 제임스라는 스물일곱 살 젊은 남편과 함께였다.

몬테즈의 나이 열다섯 살이었지만 이때 그는 이미 '마성의 여자'로 활짝 꽃을 피우고 있었다. 놀랍게도 그는 어머니의 젊은 남편을 유혹해 함께 도주했다. 두 사람은 당시 영국의 식민지였던 인도로 건너가 그곳에서 결혼식을 올렸다.

두 사람의 관계는 오래 지속되지 않았는데, 몬테즈가 남편과의 결혼 생활에 금세 질려버렸기 때문이다. 그곳에서 몬테즈가 다른 남자와 바람을 피운다는 소문이 퍼지자 이에 화가 난 남편이 이혼 소송을 하면서 둘의 관계는 파국으로 치달았다. 아직 젊은 나이였으나 지식도 재산도 없는 빈털터리 신세였던 몬테즈는 갖은 고생 끝에 영국으로 되돌아와야 했다.

천재 피아니스트 프란츠 리스트와의 격정적인 사랑과 거친 결별

이때부터 몬테즈는 다음 결혼 상대를 찾으려 하지 않았다.

아마도 첫 결혼 실패 이후 결혼 생활은 자신과는 어울리지 않는 일이라고 여긴 탓이 아니었을까 싶다.

롤라는 런던에서 '세비야 왕립극장의 프리마 돈나 발레리나'라는 거짓 증명서를 내세워 첫 무대에 서게 된다. 1843년의 일이다. 그러나 "저건 프리마 돈나가 아니다. (몬테즈가 인도에서 이혼당한) 토머스 제임스의 아내다"라는 야유가 공연장에 울려 퍼지면서 공연은 참담한 실패로 끝났다.

런던에서는 기회를 잡기 어렵다고 판단한 몬테즈는 자신을 아는 사람이 거의 없는 브뤼셀, 베를린, 바르샤바 등 여러 도시를 오가며 오페라 극장과 출연 계약을 맺었다. 그가 활동하던 19세기만 해도 무대에 서는 여성 댄서는 대부분 명문가나 부유한 집안 출신 남자들에게 맞춤한 애인 후보생이었다. 댄서라고는 하나 뛰어난 미모를 갖추기만 했다면 춤 실력은 그다지 문제되지 않았고 얼마든지 무대에 설 수 있었다.

롤라 몬테즈에게 새로운 사랑이 찾아왔다. 독일 드레스덴에서 활동하던 1844년의 일이었는데, 그곳에서 알게 된 천재 피아니스트이자 작곡가인 프란츠 리스트(Franz Liszt, 1811~1886)가 바로 그의 새 연인이었다.

당시 프란츠 리스트는 사교계의 부인들에게 열광적인 흠모와 지지를 한 몸에 받는 최고의 인기인이었다. 그의 정열적인 피아노 연주를 감상하러 오는 여성 팬들은 엄청난 환호를 보냈고 이따금 지나치게 흥분한 나머지 실신하는 사람까지 있을 정도였다. 하지만 두 사람의 뜨거운 사랑도 오래가지는 못했다.

두 사람의 관계는 왜 오래 지속되지 못했을까? 롤라 몬테즈의 '관종' 증세가 원인이었다고 볼 수 있다. 몬테즈는 대중에게 주목받는 일에 병적인 집착을 보였다. 그는 왕실이 주최하는 저녁 파티에서 테이블에 올라가 저급한 춤을 추었고 그 바람에 리스트는 정나미가 떨어져 몬테즈의 곁을 떠났다.

몬테즈는 자신을 버리고 떠난 리스트에게 미친 듯 화가 나서 방의 가구를 모두 부셔버렸다. 흥미롭게도 리스트는 몬테즈의 그런 행동을 예측하고 아파트 주인에게 가구 값을 포함한 보상금을 두둑이 챙겨주었다고 하니 세상 물정에 참 밝은 사람이었던 것으로 보인다.

약간 악명처럼 인식되기는 해도 롤라 몬테즈는 당대 유럽의 내로라하는 유명인이 되었다. 그런 식으로 몇 명의 저명한 후견인을 만나 사귀며 요란한 스캔들을 일으킨 탓이었다. 아무튼 몬테즈는 유럽 전역의 사교계에서 날개를 활짝 펴고 날아올랐다.

충격적인 퍼포먼스로 호색한
루트비히 1세의 마음을 단숨에 사로잡다

1846년, 롤라 몬테즈는 독일 뮌헨으로 향했다. 바이에른 국왕 루트비히 1세(Ludwig I, 재위 1825~1848)를 알현하고 후원을 받기 위해서였다. 하지만 그의 바람대로 상황이 진척되지는 않았다. 성실한 가정생활을 중시하는 바이에른의 상류계급 사이에 퍼져 있는 몬테즈에 관한 나쁜 평판과 섹시함을 넘어 퇴폐적이까지 한 그의 풍모를 마뜩찮아하는 분위기 때문이었다. 그 탓에 바이에른의 궁전 극장에서 열린 그의 공연도 온통 야유와 조소로 넘쳐났다.

이런 안 좋은 상황에서도 몬테즈는 좌절하지 않았다. 그도 그럴 것이 애초에 궁전 극장 무대에 그가 선 이유가 늙은 호색한인 바이에른 국왕의 마음이 몬테즈에게 흠뻑 빠져 있었기 때문이다.

지나치게 크다 싶을 정도로 모든 사람의 시선을 끄는 몬테즈의 가슴에 홀딱 반해버린 루트비히 1세가 "그거, 진짜야?"라고 물었다. 그러자 몬테즈는 조용히 칼을 집어 들어 자기 앞가슴 쪽으로 미끄러뜨리듯 타고 내려가다가 갑자기 드레스를 쫙 찢어버리고는 풍만한 가슴을 드러냈다. 이 충격적인 퍼포먼스 하나로 몬테즈는 탐욕스러운 국왕의 마음을 완전히 정복해버렸다.

롤라 몬테즈를 향한 국왕 루트비히 1세의 사랑은 점점 더해만 갔다. 덕분에 몬테즈는 여성백작 등 여러 작위에 궁전 하나를 통째로 선물 받았고 여기에 더해 엄청난 금액의 연금까지 받게 되었다.

이런 두 사람을 궁전 어딘가에서 싸늘한 시선으로 지켜보는 시선이 있음은 어쩌면 당연한 일이 아닐까. 그러나 진짜 큰일은 궁전 밖에서 먼저 벌어졌다. 뮌헨 대학 학생들이 중심이 되어 롤라 몬테즈의 추방과 함께 그런 천박한 여자에게 정신이 팔려 나라를 망치는 어리석은 국왕의 퇴위를 주장하는 대규모 시위가 일어난 것이었다. 몬테즈가 칼로 자기 옷을 찢고 스스로 가슴을 드러내는 퍼포먼스를 벌인 때로부터 2년여 시간이 지난 뒤인 1848년의 일이었다.

마침내 늙은 국왕 루트비히 1세는 장남에게 왕위를 물려주고 퇴위했으며 롤라 몬테즈는 국외로 추방당하는 비참한 신세가 되었다.

곤궁한 처지에 놓인 롤라 몬테즈,
아메리카 대륙에서 자신이 직접 고안한
비장의 무기 '타란툴라 댄스'로 재기를 노리다

우여곡절 끝에 영국으로 돌아온 롤라 몬테즈는 이미 삼십대가 되어 있었다. 그런 그에게는 폭력 등의 범행 전과가 꼬리표처럼 붙어 있었다. 뭔가 자신의 마음에 들지 않는 일이 있으면 몽둥이는 물론이고 나이프까지 마구 휘두르며 사건을 일으킨 탓이었다.

몬테즈는 바다 건너 미국으로 향했다. 범죄 이력도 이력이지만 오랫동안 유럽 전역에서 수많은 잘나가는 남성을 상대하다 보니 결혼 상대는 물론이고 애인조차 구하기 어려워졌기 때문이다.

전혀 새로운 세상인 아메리카 대륙에서 롤라 몬테즈는 인기 댄서로 화려하게 복귀했다. 당시 그의 주 무기는 자신이 직접 고안한 '타란툴라 댄스'였다. 글자 그대로 '거미 춤'인데, 자신의 손가락을 거미처럼 보이게 한 다음 타이트한 검은색 실크 의상을 입은 자기 몸을 손가락 거미가 기어 다니는 것처럼 섹시하게 움직이는 방식의 댄스다. 마지막에 그는 무대에 떨어진 거미를 몸을 떨면서 밟고 도는 동작으로 피날레를 장식했다. 이렇듯 조금 유치한 풍의 무대였으나 그의 풍만한 육체를 돋보이게 함으로써 남자 관객의 환호와 탄성을 이끌어내는 데 성공했다. 그러나 동시에 연극평론가들의 평가는 매우 혹독했다.

미국에서 몬테즈는 루트비히 1세와의 사이에 있었던 일이나 유럽에서의 화려했던 리즈 시절에 대해 직접 스토리를 만들고 연기하는 자작극 등으로 다시 한 번 흥행 성공의 짜릿함을 맛보았다. 그러나 댄스, 연기 등 진정한 의미에서의 예술적 재능이 그에게는 없었고 그 탓에 차츰 관객은 흥미를 잃었다. 그러다가 말년에는 급기야 임시 무대 외에는 설 곳이 없는 삼류 예능인으로 잊혀져갔다.

롤라 몬테즈가 죽음을 맞이한 곳은 뉴욕 맨해튼의 어느 다

락방이었다. 몬테즈의 사인은 중풍과 뇌졸중의 합병증이었다고 한다. 그의 나이 마흔셋, 1861년의 일이다.

몬테즈의 장례식에 참석한 사람은 고작 아홉 명밖에 되지 않았다. 한때 바이에른 공화국 뮌헨에서 대규모 시위와 혁명의 직접적인 원인이던 인물의 장례식치고는 엄청난 격세지감이 느껴질 정도로 너무도 초라한 장례식이었다.

롤라 몬테즈는 파란만장한 삶을 산 끝에 비참한 말로를 맞이했지만 도덕이나 양심에 얽매여 있었다면 절대로 선보일 수 없었을 이색적이고도 입체적인 모습을 온몸으로 세상 사람들에게 보여주고 떠난 것은 아니었을까!

episode

14

어머니 제니의
화려한 남성 편력이
처칠을 영국 총리로 만든
원동력이었다?

"내가 뭔가 위대한 일을 했다면

그것은 모두 어머니 덕이다"

나치스 독일 등 추축국을 상대로 전개된 제2차 세계대전에서 승리를 거두어 영국과 유럽을 구한 불굴의 영웅으로 칭송받는 영국 총리 윈스턴 처칠(Winston Churchill, 1874~1965). 그는 자신이 총리로 재직하는 동안 세운 공을 어머니에게 돌리며 이렇게 말했다.

"내가 뭔가 위대한 일을 했다면 그것은 모두 어머니의 덕이다."

또 그는 어머니에게 다음과 같은 말로 아낌없는 찬사를 보내기도 했다.

"아름다운 어머니를 나는 사랑했다!"

처칠의 '아름다운 어머니' 제니 스펜서 처칠(Jennie Spencer-Churchill, 1854~1921)은 19세기말 영국 사교계에서 모든 남자가 선망하고 흠모하는 인물이었다. 한번은 어느 파티 석상에 제니가 검은색 실크 드레스를 차려입고 나타났는데, 그의 우아하고도 빛이 나며 카리스마 넘치는 자태에 주최자 부부의 존재감이 희미해질 정도였다고 한다. 어느 공작은 제니의 자태를 다음과 같이 묘사했다.

"아름다운 머리에는 제니가 좋아하는 다이아몬드 장신구를 했는데, 다이아몬드의 광택조차 그의 눈동자의 반짝임에 빛을 잃을 정도였다."

그 공작은 제니의 자태를 찬탄의 뉘앙스가 담긴 다음과 같은 말로 표현하기도 했다.

"그의 면모에는 여성보다는 표범을 생각나게 하는 부분이 분명 있다. 그러나 표범이 사는 정글과는 무관하게 잘 다듬어진 지성이 그 사이로 은은히 드러났다."

다이아몬드조차 빛을 바랠 것만 같은 영롱한 눈동자를 가진 제니는 부유하고 아름답고 지적인 여인이었다. 그가 지닌 생명력은 날렵한 표범에 비유될 정도로 선명하고 강렬한 것이었다.

1854년, 뉴욕의 유복한 실업가 집안에서 태어난 제니는 영국의 말버러 공작 집안의 랜돌프와 결혼했다. 스무 살이던 1874년의 일이다.

두 사람은 호화여객선에서 열린 무도회에 참석했다가 운명처럼 만났고 자석의 엔극과 에스극처럼 서로에게 강하게 끌려 교제하다가 3일 만에 약혼했다. 한데 흥미롭게도 이때 제니는 랜돌프의 '오만함'에 묘한 매력을 느껴 결혼을 결심했다고 한다. 더욱 흥미롭고 약간 의아한 것은 제니가 '그는 오만할 뿐 아니라 앞으로 실패할 가능성이 크기 때문에 내가 돕고 싶었다'라고 생각했다는 점이다.

아이를 가진 유부녀 제니가
영국 왕세자의 '애인'이 되었다고?

두 사람이 결혼식을 올린 지 얼마 지나지 않아 훗날 영국 총리가 되는 윈스턴 처칠이 태어났다. 둘째아들이 태어난 것은 그로부터 5년이 지나서였다. 첫째와 둘째 사이에 5년이나 터울이 진 이유가 뭘까? 기록에 따르면, 랜돌프가 가진 '신경 쓰이는 증상'이 부부 사이에 적지 않은 문제를 일으켰기 때문이라고 한다.

랜돌프는 자신의 '신경 쓰이는' 질병이 성행위나 임신, 출산을 통해 감염되는 매독이라고 굳게 믿었던 것으로 보인다. 게다가 엎친 데 덮친 격으로 가끔 불시에 찾아오는 정신착란으로 자아를 상실하는 시간도 늘어났다. 그러나 랜돌프가 실제로 매독에 걸렸을 가능성은 크지 않아 보인다. 왜냐하면 진짜 매독이었다면 아내 제니나 아들 윈스턴이 감염되었다 해도 이상할 게 없지만 그들이 치료를 받은 기록이 전혀 남아 있지 않기 때문이다. 여러 가지 정황으로 미루어 볼 때 랜돌프는 매독이 아니라 뇌질환이나 정신적인 어떤 질병을 앓았던 게 아닐까 여겨진다.

랜돌프의 몸 상태는 그다지 좋지 않았지만 아내에게 막대한 지참금이 있었기에 그의 정치 활동은 오히려 늘어났다. 제니도 장남 윈스턴을 낳은 지 1년도 지나지 않아 사교계의 모임에 빠짐없이 나갔는데, 부부 동반이 아니라 자기 혼자서 나가는 일이 더 많았다.

당시 상류계급에서는 귀부인이 유모나 하녀에게 아이를 맡기고 외출하는 일이 적지 않았으나 그런 점을 고려하더라도 사교계에서 제니의 활약은 매우 이례적일 정도로 빈번하고 화려했다.

영국 왕실의 왕세자 앨버트 에드워드(훗날 국왕 에드워드 7세)는 빼어난 외모를 가진 제니를 향한 연정을 숨기지 않고 연거푸 고가의 보석 선물 공세를 폈다. 이렇게 왕세자의 애인이 된 덕분에 '아메리카 부잣집 딸(달러 공주)'에 지나지 않았던 제니는 영국 상류사회에 자연스럽게 받아들여졌다.

유부녀 제니에게 새로운 사랑이 찾아왔다. 1883년 그의 나이 스물아홉 살의 일이다. 상대는 그보다 네 살 어린 카를 킨스키(Karl, 8th Prince Kinsky of Wchinitz and Tettau, 1858~1919) 백작이었는데, 제니는 그를 "생애 최고의 연인"이라 칭송하며 그에게 "아편 같은 매력"까지 느꼈다고 표현했다. 이듬해인 1884년 무렵 두 사람은 사교계에서 이미 알 만한 사람은 다 알 정도로 소문난 사이가 돼 있었다.

자유분방한 아내의 남성 편력에 남편 랜돌프의 질투심이 폭발하는 경우가 가끔 있었으나 두 사람은 이혼을 선택하지는 않았다. 끊으려야 끊을 수 없는 질긴 인연의 끈이 두 사람 사이에 이미 맺어져 있던 게 아니었나 싶다.

'의리의 아버지'를 여럿 두어 자식의 미래를 보장받게 하다?

수많은 혼외정사와 연애에도 불구하고 제니의 남편 랜돌프와 아들 윈스턴에 대한 사랑은 변함없었고 오랫동안 지속되었다. 얼핏 자유분방하게 휘젓고 다니는 듯 보여도 그의 연애는 남편과 아들에게 든든한 후원이 되어주고 있었다.

나는 남편 랜돌프가 오래 살지 못할 것임을 제니는 잘 알고 있었다고 생각한다. 그래서 유력자들과 끈끈한 관계를 맺고 '의리의 아버지'가 될 남자를 여럿 두어 자식의 미래를 보장받게 하고 싶어 했던 게 아닌가 여긴다.

제니는 훗날 영국 총리라는 최고의 자리까지 오르는 아들 윈스턴의 재능을 굳게 믿고 응원했다. 그러나 소년 시절의 윈스턴은 획일적인 교육 환경에 적응하는 데 실패한 탓에 전혀 두각을 나타내지 못했다.

성인이 된 후 윈스턴은 군인이 되었는데 군대에서의 성적도 평범해서 아버지 랜돌프를 한숨짓게 하는 일이 많았다. 윈스턴은 '아버지와 소원해져서는 안 된다'라는 어머니의 조언을 받아들여 어디에서 무슨 일을 하든 편지를 주고받는 일을 꾸준히 지속했다. 그 덕분에 일찍 작고한 아버지와의 추억이 남았고 그것이 윈스턴에게 어느 정도 행복감을 주었던 것으로 보인다. 비록 병세가 점점 더 악화하여 대면하기 어려워진 친

아버지 랜돌프보다 젊은 시절의 윈스턴에게 훨씬 구체적인 조언과 격려, 실질적인 도움을 준 사람은 엄마의 연인 킨스키 백작이었지만 말이다.

남편의 죽음이 임박한 상황에서
최고의 연인 킨스키 백작의 프러포즈를 거절하고
남편과의 긴 여행을 선택한 제니

1894년, 킨스키 백작이 제니에게 프러포즈했다.

"외교관인 나는 원하는 어느 나라로도 부임해갈 수 있소. 그러니 영국을 떠나 나와 남은 인생을 함께하지 않겠소?"

제니는 킨스키 백작이 내민 손을 잡지 않았다. 남편 랜돌프의 죽음이 임박한 것이 거의 확실해 보였기에 '바로 지금'이 그동안 서로 엇갈림이 많았던 남편과 소중한 시간을 함께할 마지막 기회라고 여겼기 때문인 듯하다.

한편 제니에게 거절당한 킨스키 백작은 마치 조롱이라도 하듯 제니보다 스무 살이나 어린 여성과 결혼하여 그에게 상처를 주었다.

제니는 남편과 최초이자 최후의 긴 여행을 떠난다. 여행의 목적지는 아메리카와 아시아의 여러 나라와 도시였다. 호화여객선을 탄 크루즈 여행으로 영국의 항구도시 리버풀을 떠나 미국, 캐나다 등을 거쳐 태평양 건너의 일본, 중국, 싱가포르 등 아시아의 여러 나라를 단기 체류하면서 영국으로 돌아오는 여정이었다. 그들이 여행을 떠난 날은 1894년 6월 27일이었다.

제니는 한 달 정도 체류한 일본을 특히 마음에 들어 한 것으로 보인다. 그는 닛코에서 도쇼궁을 방문하고 교토에서는 기모노를 맞추어 입고 다도 수업까지 받았다. 그러나 다른 한편으로 남편이 언제 죽을지 모르는 상황이라 마치 관을 싣고 떠나듯 결연한 여행이기도 했다.

영국에 두 사람이 돌아온 때는 1894년 12월 24일, 크리스마스이브였다. 그리고 한 달 뒤 랜돌프는 세상을 떴다. 자신이 가장 사랑했던 연인보다 남편을 선택해 그와 마지막 소중한 추억을 만들기 위해 여행을 떠나는 걸 보면 자유분방한 듯 보여도 의리가 강한 제니의 성정과 매력을 엿볼 수 있다.

남편 랜돌프가 죽은 뒤 제니는 두 번 더 결혼했다. 놀랍게도 예순네 살의 나이에 그는 아들 윈스턴보다 세 살이나 어린 마흔한 살의 몬태규 포치(Montagu Porch, 1877~1964)와 세 번째 결혼을 했다. 그는 예순일곱 살이라는 고령에도 새로운 댄스 스텝을 배울 정도로 대단한 열정을 유감없이 보여줬는데, 춤을 추다가 넘어지면서 입은 골절로 한쪽 다리를 절단해야 했고 수술 후 경과가 나빠져 과다 출혈로 사망했다.

제니 제롬 처칠의 삶을 한마디로 규정한다면, '자신다움'을 온전히 관철한 생애였다고 할 수 있지 않을까!

4

불세출의 영웅과 천재도
뛰어넘지 못한 장애물은?

episode

15

'불로불사'에 집착해 수은이 다량 함유된 독약을 상용했던 시황제

중국 통일의 꿈을 이룬 뒤 '불로불사'에 목숨 걸다
마흔아홉 살에 목숨을 잃은 진시황제

기원전 221년, 시황제는 여러 나라로 쪼개져 서로 반목하던 중국을 통일했다. 당시 그는 서른여덟 살의 나이로 아직 혈기 왕성한 젊은이였다. 그러나 삼십 대 후반의 나이를 젊다고 말하는 건 요즘 같은 백 세 시대에나 합당한 표현일 뿐 당시에는 마흔 살 즈음이면 '초로(初老)'로 불리기에 오히려 적합한 나이였다. 오늘날의 의료 기술과 비교하면 그야말로 하늘과 땅 차이였던 고대 중국에서는 일정 연령을 넘어서면 죽음이 임박한 '늙음'의 길에 들어선 셈이었다. 그 기준점이 대략 마흔 살 전후로 여겨졌고, 그 나이가 되면 '이제 남은 것은 죽음뿐'이라고 말해도 지나치지 않았다.

그런 까닭에 '안티에이징'을 향한 시황제의 욕망과 열정은 지나치다 싶을 만큼 왕성하고 집요했다. 그는 그 방면의 지식을 얻기 위해 수많은 '방사(方士, 신선의 술법을 따르는 사람)'를 선발하고 고용했다. 방사란 간략히 말해 '도사'라고 불리는 '특수 기술자'였다.

당시 활약하던 수많은 방사들 중 한 명이던 서복(徐福)은 신선(神仙) 사상에 심취해 나름대로 깊이 연구했는데, 그 과정에서 얻은 지식으로 자신은 이미 "불로불사(不老不死)를 실현했다"라고 주장하여 사람들이 믿게 함으로써 시황제의 신뢰와 총애를 얻었다.

어느 날 서복은 시황제를 알현하는 자리에서 '동쪽 바다의 어느 선인(仙人)이 사는 섬'에 가면 불로불사의 영약(靈藥)을 얻을 수 있다고 부추겼다. 그는 결국 시황제의 마음을 움직이는 데 성공했고 3,000명이나 되는 양가집 소년·소녀를 데리고 그 '선인의 섬'을 향해 떠났다. 그러나 우리가 잘 아는 대로 그 여행을 떠난 사람 중 결국 단 한 사람도 진나라로 돌아오지 않았다. 이는 불세출의 역사가 사마천의 『사기(史記)』에 기록된 내용이다.

한번 상상해보자. 서복을 따라 불로초를 구하러 떠난 3,000명의 소년·소녀는 어떻게 되었을까? 이에 대해 기록으로 남아 있는 것이 없기에 누구도 정확히 알 수는 없다. 어쩌면 그중 일부 아이들은 어디론가 도망쳤을 수도 있고 노예로 팔려나갔을 수도 있다. 아무튼 서복 일행이 사용한 막대한 경비를 모두 시황제가 부담했고, 결국 그는 서복에게 속아 시쳇말로 호구가 된 셈이었다. 이로써 '중국 통일'을 이룬 뒤 다음 목표가 '불로불사'라도 되는 듯 거침없이 질주하던 시황제의 노력도 모두 수포로 돌아갔다. 그리고 시황제는 마흔아홉 살에 누구에게나 찾아오는 죽음을 맞이했다.

『사기』에 관한 의혹 1
— 맹독성 수은을 주성분으로 만든 '단약'을 정기적으로 섭취한 시황제가 죽기 직전까지 건강했다는 주장은 사실일까?

진제국의 시황제가 사망한 때는 지금으로부터 2,200여 년 전인 기원전 210년 9월 10일이다. 시황제에게는 광대한 영토를 정기적으로 순회하는 관행이 있었다. 『사기』에 따르면, 제국의 수도 함양을 떠나 오늘날의 허베이성인 사구에 이르렀을 때 그때까지 멀쩡하던 시황제가 갑자기 쓰러져 얼마 지나지 않아 목숨을 잃었다.

시황제에게 치명상을 입히고 결국 목숨마저 앗아간 것은 무엇이었을까? 맹독성 수은을 주성분으로 만든 '단약(丹藥)'이 결정적 요인이었던 것으로 역사학자나 고고학자 등 전문가들의 의견이 모아진다. 수은은 인체에 해로울 뿐 아니라 뇌나 신경계에 이상을 일으킨다.

수은을 지속해서 섭취하면 누구에게나 수족의 떨림, 언어장애, 현기증, 난청, 보행 곤란 등 나열하는 것만으로도 오금이 저려오는 심각한 증상이 나타난다. 바로 이 내용이 '시황제가 갑자기 쓰러지기 직전까지 건강했다'라는 주장이 담긴 『사기』의 기술에 부분적인 오류가 있지 않나 하고 내가 판단하는 지점이다.

아무튼 『사기』에서 사마천은 시황제의 시신을 태운 마차와

不老

신하 일행이 시황제가 살아 있는 것처럼 꾸며서 수도 함양까지 계속 나아갔다고 기술한다. 절대 권력자인 시황제의 죽음은 그의 공포정치에 불만을 품고 있던 민중이 대규모 반란을 일으킬 수도 있을 정도로 엄청난 대사건이었다. 시황제는 분명 강력한 리더십과 통찰력의 소유자였지만 자신의 치세에 불만을 품은 자들을 가차 없이 처단했다. 그러므로 그의 죽음이 알려지면 강력한 힘 앞에서 어쩔 수 없이 억눌려 있던 민중이 한꺼번에 들고 일어나 보복하고 정권을 뒤엎으려 할지 모를 일이었다. 그러니 자칫하다가는 시황제의 유골조차 무사히 수도 함양으로 돌아가지 못하는 최악의 사태를 맞이할 수도 있다고 걱정했을 것이다.

『사기』에 관한 의혹 2
― 수은을 다량 함유한 단약을 장복한 시황제의 시신에서 썩은 냄새가 진동했다고?

『사기』에 따르면, 함양까지의 오랜 여행에 시황제의 시신은 부패하기 시작했다. 그러자 신하들은 대량의 생선을 사서 마차에 쌓고 그 생선 냄새로 시신에서 나는 썩은 냄새를 감추려 했다고 전해진다.

기묘하고도 흥미로운 일화임에 틀림없지만 이 부분 역시 진위가 의심스럽다. 지금부터 그 점을 조금 자세히 다루어볼까 한다.

살아생전 시황제가 애용했던 선약의 구체적 특성과 성분까지는 정확히 알 수 없지만 아마도 단약과 비슷한 것이 아닐까 싶다. 시황제의 시대로부터 수백 년이 지나 집필된 것으로 추정되는 『주례(周禮)』라는 책에는 수은을 기본으로 단약을 만드는 「연단술(鍊丹術)」이 기록되어 있다. 그 내용을 간략히 소개하면 다음과 같다.

수은을 유황에 섞어서 400도로 가열하면 두 재료가 화학 반응을 일으켜 새빨간 액체가 만들어진다. 바로 이 '단(丹)'이라는 글자에 '빨간색'의 의미가 들어 있다. 불로불사의 목적으로 마시는 약이기 때문이기도 하지만 한눈에 딱 봐도 인간의 생명을 담당하는 혈액을 방불케 한다는 점에서 '단약'이라는 이름이 붙었을 것이다.

단약을 섭취해 체내에 수은이 잔뜩 쌓인 시신은 부패하지 않는다는 사실은 당대에도 사람들 사이에 어느 정도 알려져 있었다. 게다가 앞에서 언급한 바대로 맹독성 수은을 섭취하면 무서운 중독 증상이 나타난다. 그럼에도 불로장생이라는 단약의 효과를 믿는 사람들은 독이 이기나 내 생명력이 이기나 겨뤄보자 하는 마음으로 영원한 젊음과 죽음의 아슬아슬한 경계선을 찾아 계속 마시지 않았을까. 아마 시황제도 그런 사람 중 하나였을 것이다.

2,000년 만에 발굴된 전한 시대의 유적 마왕퇴한묘의 귀족 부인의 시신이 썩지 않은 것도 '수은' 때문이라는데?

고대 중국의 상류계급에는 단약 신봉자가 많았다. 그 구체적인 증거가 되는 사례가 있어 여기에 소개할까 한다. 진 다음 왕조로 전한(前漢, 기원전 206~기원후 8) 시대의 유적으로 인정받는 '마왕퇴한묘(馬王堆漢墓)'에 매장된 귀족 여성에게서도 단약을 꾸준히 복용한 흔적이 나타났다. 마왕퇴한묘가 발굴된 때는 20세기 후반이었다. 좀 더 구체적으로, 마왕퇴한묘는 중국 후난성에서 병원 재건축 공사를 진행하던 중 발견되어 마오쩌둥이 지도하는 문화대혁명이 한창인 1972년부터 본격적으로 발굴이 이루어졌다. 놀랍게도 오십 대에 죽은 것으로 추정되는 귀족 여성 이창(利倉, 전한의 제후국이던 장사국의 재상이었으며 기원전 186년에 죽었다. — 옮긴이) 부인의 시신은 관 안에서 거의 아무런 손상도 입지 않은 채 마치 잠자고 있는 듯한 모습으로 발견되었다. 시신의 신장은 생전과 거의 차이가 없을 것으로 여겨지는 154.4센티미터에 머리카락은 반짝반짝 빛나고 피부는 여전히 탄력이 있었다. 탐사대가 시신에 방부제를 주사하자 혈관 속으로 액체가 흘러들어가는 게 생생히 보일 정도로 경이로운 피부의 '신선도'를 유지하고 있었다. 이를 근거로 탐사대는 그 귀부인이 살아생전 단약 애호가임을 단박에 알았다고 한다.

전신의 세포가 수은에 중독되었으므로 그의 육체는 매장된 후 1972년 무렵 우연히 발견되기까지 2,000여 년의 기나긴 시간 동안 미생물의 공격을 피해가며 조금도 썩지 않는 것이 가능했던 것이다.

시황제가 일상적으로 마신 약도 이창 부인이 즐겨마시던 약과 근본적으로 다르지 않은, 수은을 기본으로 한 성분의 약이었을 가능성이 크다. 그러니 진의 수도 함양으로 되돌아가는 여행길에 시황제의 시신에서 썩은 냄새가 진동했다는 식의 기록은 선뜻 믿기 어렵다. 그보다는 2,000년이 더 지난 오늘날까지 썩지 않은 이창 부인의 시신과 마찬가지로 시황제의 시신 역시 썩지 않았으리라 추측하는 것이 좀 더 합리적이지 않을까?

그렇다면 사마천은 왜 『사기』에 '시황제의 시신이 부패했다'는 식으로 기술했을까? 근거가 명확하지 않은 개인적인 추측이지만 죽어서도 카리스마를 유지했다는 시황제의 권위에 상처를 입히기 위한 의도가 있는 게 아닐까 싶다. 사마천은 진 다음으로 중국을 통일한 전한의 역사가였고, 전한의 황제들에게 시황제는 반드시 무너뜨려야 하는 라이벌 같은 존재였기 때문이다. 물론 사마천이 불세출의 위대한 역사가이며 곡학아세(曲學阿世)와는 거리가 먼 인물로 정평이 나 있기는 하나 그 역시 사람이고 당대의 압도적인 인식과 통념에서 완전히 자유롭기는 어렵다는 점에서 어느 정도 합리성은 있다고 본다.

시황제의 시신이 발굴된다면 그 역시 생생한 얼굴을 유지하고 있을까?

시황제의 시신이 지금도 잠들어 있는 시황제릉은 함양 근교에 있다. 규모는 2만 제곱미터에 달하고 높이는 2,000년 넘는 긴 시간이 지난 지금도 47미터나 된다.

시황제가 수은을 신봉했음은 그의 능묘를 통해서도 짐작할 수 있다. 『진시황본기(秦始皇本紀)』에는 "수은으로 수많은 냇물과 강과 바다를 만들라"라는 문장이 있다. 실제로 당대인들은 진시황묘에 강이나 바다를 만들어 채울 정도로 엄청난 양의 수은(당대에 수은은 엄청난 고가에 팔렸다)을 사용했다. 또한 전해지는 이야기에 따르면, 지하궁 내부와 시황제의 관 주변에 대량의 수은이 스며들었다고 한다.

1970년 이후 대대적인 시황제릉 발굴 조사가 이루어졌다. 그런데 『진시황본기』의 기록이 정확히 맞았음을 뒷받침하듯 토양 조사에서 수은 농도가 특히 높은 부분이 발견되었다.

어쩌면 시황제의 시신은 지금도 여전히 자고 있는 것 같은 모습을 유지하고 있지 않을까?

episode

16

18세기 유럽을 놀라게 한 기묘한 여장 남자 스파이 보몽 이야기

내가 지금부터 독자 여러분에게 들려주고자 하는 이야기는 1770년대에 프랑스와 러시아, 영국 등 유럽에서 실제로 일어나 사람들을 놀라게 했던 흥미진진한 일이다.

프랑스 출신으로 영국 런던에 체류 중이던 외교보좌관 샤를 데옹 드 보몽(Charles d'Éon de Beaumont, 1728~1810)이라는 남자가 사실은 여자라는 소문이 꼬리에 꼬리를 물고 일파만파 퍼져나가기 시작했다.

이 깜짝 놀랄 만한 뉴스에 영국인들이 마치 꿩을 향해 돌진하는 사냥개처럼 사납게 달려들었다. 압박을 견디지 못한 프랑스 귀족 계급 출신의 보몽은 결국 침묵을 깨고 다음과 같이 말했다.

"원래 여자의 몸으로 태어난 저는 집에서는 남자로 키워져서……."

이는 일본의 유명 만화 『베르사유의 장미』에 등장하는 인물 오스칼의 설정과 거의 같다. 놀라운 것은 보몽이 맞닥뜨린 상황이 위의 작품 속 상황보다 약 200년 전, 그것도 설정이 아닌 실제로 일어난 사실이라는 점이다. 지금부터 보몽의 기이하고도 흥미로운 생애를 함께 따라가보자.

러시아제국의 엘리자베타 여제는 보몽이 남자라는 사실을 모르고 중용했을까?

보몽은 원래 남자였으나 아주 특별한 비밀을 지닌 몸이었다. 한때 그는 프랑스 루이 15세의 비밀 지령을 받고 여장 스파이로 러시아제국에 파견된 적이 있었다. 젊은 시절의 보몽은 어쩐 일인지 수염이 나지 않았고 피부가 백옥처럼 하얀 데다 웬만한 여자는 저리 가라 할 정도로 아름다워서 누구나 여자로 착각했다고 한다.

당시 보몽이 은밀히 파견된 러시아제국을 통치하는 인물은 엘리자베타 여제(Elizaveta Petrovna, 재위 1741~1762)였다. 그는 특이한 취미를 가지고 있었는데, 기이하게도 남자 신하에게 여장을 시키는 일을 무척이나 즐겼다고 한다. 그러한 엘리자베타 여제였기에 보몽이 남자라는 사실을 간파하고 중용했는지 아니면 정말 끝까지 몰랐는지는 정확히 알 수 없다.

여제의 시녀가 사실은 남자였다고 하면 자칫 윤리적 문제가 일어날 수 있는 심각한 일이었다. 아무튼 보몽을 진짜 여자라고 믿은 사람은 실제로 러시아궁 내부에 상당히 많았을 것으로 추정된다. 어찌 되었든 보몽은 독서를 담당하는 시녀로 까다로운 엘리자베타 여제를 거짓으로 섬기면서 여제에게 들은 러시아 관련 정보를 자신의 조국 프랑스에 몰래 전달하는 스파이 업무를 무사히 마치고 귀국했다.

영국에서 이번엔 '남자 행세'를 하던 보몽, 정체가 탄로 나다

그 후 보몽이 파견된 나라는 영국이었다. 이번에는 남자로서 일했다. 하지만 운 나쁘게도 러시아의 어느 황녀가 런던으로 망명했고 익히 얼굴을 알고 있던 보몽과 딱 마주쳤다. 황녀의 입장에서는 황당하기 그지없는 상황이었다. 그도 그럴 것이 러시아 궁전에서 분명 여자였던 보몽을 런던에서 만났는데 남자 행세를 하고 있으니 무엇에 홀리기라도 한 듯 어리둥절할 수밖에 없었을 것이다.

보몽은 스파이로 영국에 와 있는 데다 러시아에서도 스파이로 활동한 전력이 있기 때문에 자신이 왜 일부러 여장까지 해서 러시아에 가야 했는지 진짜 이유를 말할 수 없었다. 그는 어떻게든 한 번 더 러시아 출신 황녀를 속여서 위기를 돌파해야 했다.

보몽은 어떻게 이 상황에 대처했을까? 그가 임기응변으로 둘러댄 변명은 이랬다.

"사실 저는 여자인데 지금 복잡한 집안 사정으로 남장을 한 채 영국에서 일하고 있습니다."

이런 거짓말은 자칫 일을 더욱 복잡하게 만들 위험이 있었다. 그런데도 그는 왜 이렇게 말할 수밖에 없었을까? 여기에는 그럴 만한 중요한 이유가 있었다. 당시 유럽에서는 다른 성별로 변장하거나 행세하는 일, 다시 말해 남장이나 여장 같은 행위를 종교적으로 엄격히 금지하는 나쁜 행위로 인식했기 때문이다.

유럽 사회에서는 성별에 따라 주어지는 의무가 확연히 달랐다. 예를 들어 여자로 태어나면 바깥일이 사실상 금지되고 가정에서 집안일을 하도록 의무가 주어졌다. 모든 사람에게 남자 아니면 여자라는 둘 중 하나의 성별이 주어지고 각자 자신에게 주어진 성별로서의 의무를 다하지 못하면 죄를 짓는 것으로 간주되었다.

갑자기 궁금해진다. 이런 시대에서 자신을 여자라고 고백해 버린, 그러나 사실은 남자인 보몽은 어떻게 되었을까? 보몽 입장에서는 천만 다행히도 주위 사람들은 다른 성별로 위장해 살아온 보몽을 그다지 비난하지 않고 '역시 보몽은 여자였어!', '아, 그런 거였어?', '가엽기도 하지!' 식의 반응을 보이며 그런대로 순조롭게 받아들여주었다.

베르사유궁에서 여장을 한 보몽을 본
작가 볼테르는 왜 "저건 괴물이야!"라고
비명을 질렀을까?

다행히 크게 문제가 되지는 않았으나 어쨌든 보몽은 남자의 역할로 한정된 외교보좌관 업무를 더는 할 수 없게 되었다. 이러한 사정은 곧 프랑스에도 전해졌다. 이에 국왕 루이 16세는 보몽을 데려오기 위해 영국에 특사를 보냈다. 이때 보몽의 나이 마흔네 살이었다.

프랑스로 귀국하게 된 보몽에게 루이 16세의 왕명이 내려졌다. 그것은 바로 프랑스에 정착하는 조건으로 평생 '여장'을 하고 살아야 한다는 것이었다. 루이 16세에 따르면, 보몽이 스스로 여자라고 말했으니 여자로서 사는 것이 당연하다는 논리였다.

프랑스에 귀국한 보몽은 베르사유궁으로 불려가서 루이 16세 국왕과 마리 앙투아네트 왕비를 알현했다. 마리 앙투아네트는 "어쩜 이리 불쌍한 여인이……"라고 보몽을 동정하고 위로하며 특별히 호화로운 귀부인용 드레스를 한 벌 맞춰주었다. 그러나 마흔네 살(오늘날의 기준으로 보면 예순 살 정도) 보몽은 화려한 귀부인용 드레스가 너무도 무겁고 거추장스러워서 도무지 견딜 수가 없었다.

게다가 겉모습에도 문제가 있었다. 베르사유궁에서 여장을 한 보몽을 본 작가 볼테르는 "저건 괴물이야!"라고 비명을 지르듯 말할 정도였다. 젊은 시절 보몽의 여장 실력은 엘리자베타 여제도 감쪽같이 속을 정도로 뛰어났으나 마흔네 살의 그는 일반적으로 '아름답다'라고 말할 정도의 외모는 아니었나 보다.

보몽이 안정적인 프랑스 생활을 끝내고
위험천만한 영국에서 '여장한 남자 검투사'로
파란만장한 삶을 살다 간 까닭은?

그 후 보몽은 귀부인용 드레스를 입고 지내는 생활에 점점 싫증이 나기 시작했다. 나르시시스트 성향을 가진 보몽은 누구보다 자기 자신을 사랑하는 인물로 늘 사람들에게 주목받고 싶어 하고 자기 과시욕이 넘치는 인물이었던 것으로 보인다. 그리고 동시에 그는 당시 금기이던 여장을 함으로써 세상이 만들어놓은 법과 규칙에 자신이 당당히 맞서고 있다는 희열을 느끼지 않았을까 추정된다.

그러나 아무도 주목하지 않는데 날마다 무겁고 불편한 드레스를 입고 지내야 하는 생활이 마음에 들었을 리 없다. 결국 보몽은 '영국에 남겨둔 재산을 처분하러 간다'라는 명분으로 영국으로 돌아간다. 그러나 얼마 지나지 않아 프랑스혁명이 일어나고 보몽은 프랑스로 돌아갈 수 없게 되었다. 1789년의 상황이었다.

엎친 데 덮친 격으로 프랑스에 남겨둔 재산까지 모두 동결되자 생활이 곤궁해진 보몽은 오랫동안 갈고 닦아온 검술 실력을 활용해 돈을 벌기로 한다. 여자 검투사, 아니 사실은 여장한 남자 검투사가 되어 상금을 획득하기 위해 여러 검도장을 찾아다니며 시합을 신청했다. 그러나 운 나쁘게도 그는 한 시

합에서 상대방의 검에 가슴이 찔리는 사고를 당해 결국 은퇴하고 만다.

그 후 보몽은 태생을 숨기고 평범한 나이든 여인으로, 콜 미망인이라는 중년 여자를 룸메이트 삼아 동거하다가 1810년 런던에서 조용히 사망했다.

보몽은 죽을 때까지 콜 미망인에게 자신이 사실은 남자임을 고백하지 않았다. 부검하러 온 의사가 '여성에게는 없는 신체 기관'이 그의 가랑이에 붙어 있는 걸 발견하고 귀띔해주자 콜 미망인은 경악했다. 그는 오랜 세월 보몽과 동거하면서도 그 기묘한 룸메이트의 비밀을 전혀 눈치 채지 못했다고 한다.

숨을 거두었을 때 보몽은 향년 여든두 살이었다. 남자로 태어났으나 여자로 살아가라고 국가에게 명받는 등 기이한 운명을 타고난 사람, 보몽. 그는 허무하고도 의미심장한 시를 남겼는데, 여기에 한 구절을 소개할까 한다.

"이 땅에 살면서 얻은 것도 잃은 것도 없다."

episode

17

19세기 유럽의 엄숙하고도 엽기적인 목욕 문화

— 욕조에 몸을 담그면 타락한다?

빅토리아 여왕 시대에 영국인의 위생 관념이 혁명적으로 발전한 까닭은?

따뜻한 물이 가득 담긴 욕조에 몸을 담그고 목욕하는 일은 오늘날 누구에게나 평범한 일상의 한 부분으로 받아들여진다. 한데 지금으로부터 100여 년 전만 해도 유럽 사회에서 물에 몸을 담그는 일은 대단한 사치 행위로 여겨졌다. 아름다움과 건강을 지키기 위한 수단으로서 입욕을 권장하는 오늘날의 상식에 비추어 볼 때 이는 상상조차 하기 어려운 일이 아닐 수 없다.

하지만 곰곰이 생각해보면 당시로서는 그럴 수밖에 없지 않았을까 싶다. 왜냐하면 변변한 수도시설도 갖추어져 있지 않은 데다 가스 시설도 없는 시대에 사는 평범한 시민이 단지 목욕을 하기 위해 수시로 많은 양의 물을 데우자면 엄청난 노력과 수고가 필요했을 것이기 때문이다. 여기에 더해 땔감인 장작의 수요는 점점 더 많아지고 가격도 천정부지로 치솟았을 게 분명하다.

사실 평민은 말할 것도 없고 왕후나 귀족, 부유한 부르주아에게도 상황은 근본적으로 다르지 않았다. 그러므로 통상 따뜻한 물을 적신 천이나 해면으로 몸을 닦는 정도가 고작이었다. 커다란 대야를 바닥에 두고 단지에 들어 있는 따뜻한 물을 소심하게 몸에 뿌리는 행위조차 귀족들 사이에서도 드물 정도였다. 심지어 서민들의 경우 물로 손이나 얼굴을 씻는 일을 제대로 할 수 없는 사람이 대다수였다.

빅토리아 여왕 시대의 영국에서 이러한 분위기에 획기적인 변화가 일어나기 시작했다. 19세기 후반의 상황이다. 당시 영국에서는 위생 관념이 혁명적으로 발전했다. 이 시기의 영국인들은 왜 갑자기 위생에 큰 관심을 가지게 되었을까? 여러 가지 요인이 있겠지만, 가장 두드러진 원인으로 '교통망의 급속한 확산'을 꼽을 수 있다. 교통·통신이 발달하면서 개인의 이동거리가 크게 확장되었고 다른 지역·다른 나라와 자연스럽게 비교가 이루어졌다. 다시 말해 대영제국의 수도인 런던, 그리고 그곳에 사는 자신들이 얼마나 비위생적이고 더러운지 차츰 깨닫기 시작했던 것이다.

19세기 대영제국의 수도 런던 거리는 오물로 넘쳐났다는데?

당시 전 세계에서 으뜸가는 나라 대영제국의 수도임에도 빅토리아 여왕 시대의 런던은 그야말로 기가 막힐 정도로 더럽고

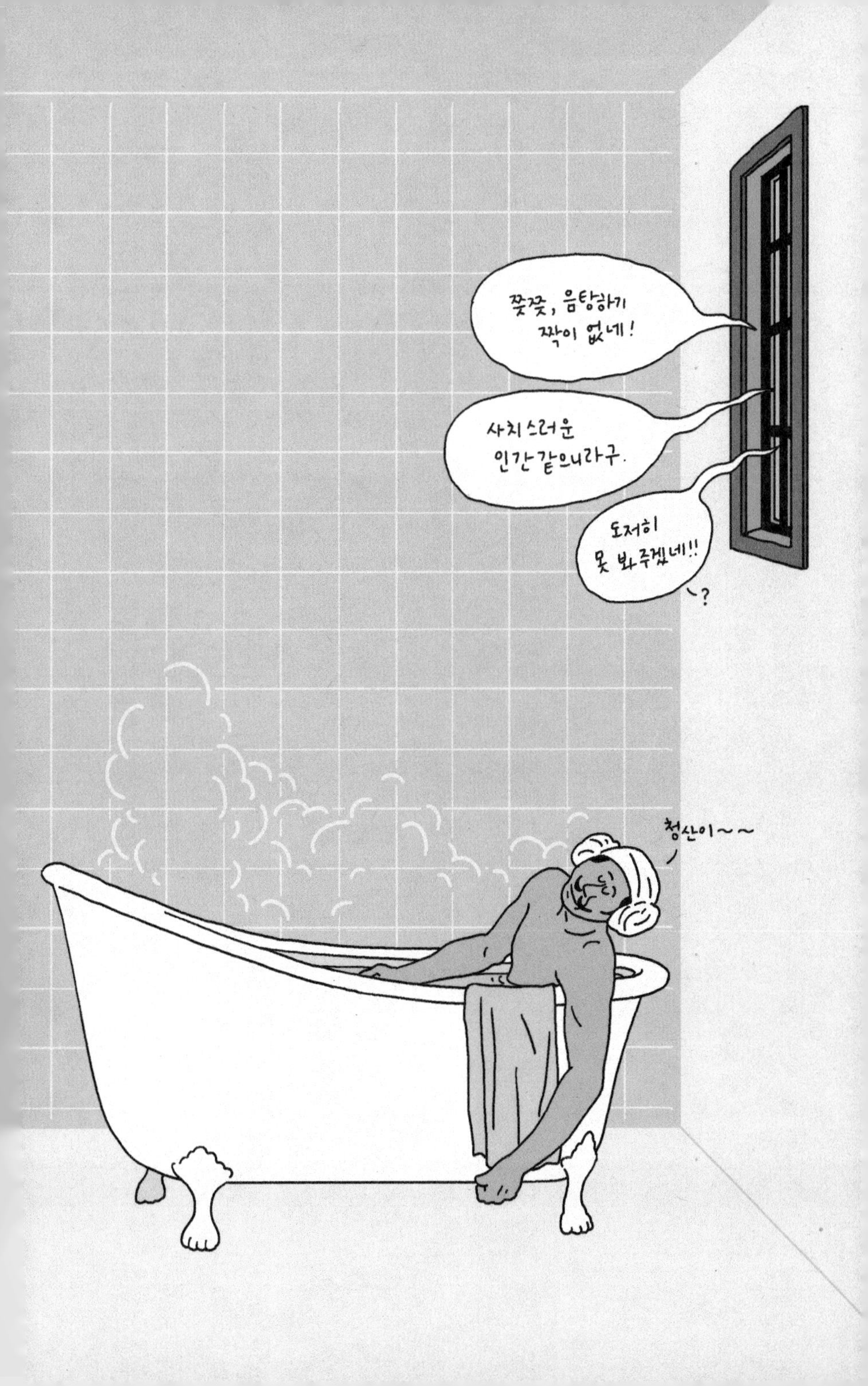
쯧쯧, 음탕하기 짝이 없네!
사치스러운 인간 같으니라구.
도저히 못 봐주겠네!!
?
청산이~~

불쾌한 도시였다. 예를 들자면, 당시는 자동차 대신 마차가 도시의 도로를 다니던 시대라 여기저기 말 배변이 굴러다녔지만 아무도 청소하지 않아 도로는 수시로 더러운 늪지대처럼 되어 버리곤 했다.

19세기 영국에서는 산업혁명의 영향으로 공업이 발달했는데 당시에는 환경보호 같은 것은 안중에도 없었다. 공장 그을음과 먼지가 뒤섞인 '지옥을 연상케 하는 검은 비'가 자주 추적추적 내렸다.

그 시대에 갑자기 늘어난 인구도 도시 환경을 해치는 주된 요인이었다. 좀 더 구체적으로, 19세기를 시작하는 해인 1801년부터 100년 동안 런던 인구는 100만 명에서 600만 명으로 늘어났는데, 대부분 지방에서 올라온 가난한 사람들이었다. 그들에게는 목욕을 위해 물을 데울 돈은커녕 애초에 집에 입욕 시설 자체가 없었을 뿐 아니라 하수도 시설조차 제대로 되어 있지 않았다. 사실 그들은 목욕은 그만두고 날마다 끼니를 걱정해야 할 정도로 궁박한 처지였다. 동시대에 프랑스 파리가 무척 더러웠다는 이야기를 자주 듣지만 런던의 사정은 파리보다 더하면 더했지 결코 덜하지 않았다.

유럽에서 본격적으로 하수도 설비가 정비되기 시작한 것은 19세기 후반의 일이었다. 이 시기가 되어서야 비로소 '자신의 몸을 늘 아름답고 청결하게 유지해야 한다'라는 의식이 대다수 시민의 머릿속에 심어졌다.

'욕조에 들어가면 페스트에 걸리기 쉽다'고 믿었던 19세기 영국인들

당연하게도 유럽 사회에서 입욕 습관은 상류계급에서부터 본격적으로 '부활'했다. 여기서 나는 '시작'이라는 단어 대신 '부활'을 썼다. 왜 그랬을까? 고대나 중세에 원래 유럽의 왕족이나 귀족들 사이에서는 입욕 문화가 존재했기 때문이다. 그러던 것이 페스트라는 끔찍한 재앙이 전 유럽을 휩쓴 뒤 '욕조에 들어가면 페스트에 걸리기 쉽다'라는 미신과도 같은 가짜 뉴스가 넘쳐나면서 입욕 문화가 사라져버린 것이었다.

비록 입욕 습관이 부활했다고는 하나 상황은 여전히 열악하기 짝이 없었다. 그도 그럴 것이 빅토리아 여왕이 즉위하던 1837년 당시 영국 왕실이 런던에 머무를 때 사용하는 버킹엄궁에 제대로 욕조를 갖춘 욕실은 하나도 없었다고 한다.

19세기 전반에만 해도 입욕이란 '냉수 샤워'를 의미했다. 참고로, 그 시대에 영국에서 자신이 날마다 목욕한다고 말한 인물은 나폴레옹을 워털루 전투에서 격파하여 유명해진 웰링턴 공작뿐이었다. 그는 건강이나 미용이 아닌 '신체 단련'의 일환으로 욕조에 몸을 담그는 습관을 가지고 있었다고 한다.

욕조에 물을 받는 일 자체가 상당한 비용이 드는 일이었기 때문에 최상위 계급이 아니라면 간단한 샤워로 끝내는 것이 보통이었다. 하지만 당시의 샤워란 높은 위치에서 한꺼번에 대량으로 쏟아지는 냉수를 뒤집어쓰는 걸 의미했다.

사상가 토머스 칼라일(Thomas Carlyle, 1795~1881)은 자택의 조리 준비실에 샤워 시설을 부착했다고 한다. 말하자면 칼라일 집에서 샤워기는 사람 몸만이 아니라 야채나 과일을 씻을 때도 사용되는 소중한 도구였던 셈이다. 칼라일은 그것을 '고상한 샤워'라고 부르며 기뻐했다고 한다. 샤워 애호가였던 그는 아내 제인에게도 날마다 "샤워기의 폭포 아래에 당신의 몸을 두시오"라고 엄한 표정을 지으며 지시했다는데 그 찬물에 심장이 멈추지 않은 것이 다행스럽게 여겨질 정도다.

베스트셀러 작가 찰스 디킨스(Charles Dickens, 1812~1870)도 냉수 샤워를 좋아했다. 1851년 저택을 신축할 때 그는 전용 샤워실을 만들었다. 그의 샤워실은 줄을 잡아당기면 대량의 냉수가 폭포수처럼 쏟아지는 구조로 돼 있었다.

디킨스는 왜 냉수 샤워를 좋아했을까? 냉수 샤워의 충격이 건강한 신체를 유지하고 정신을 수련하는 데 도움이 된다고 믿었기 때문이다. 무술가나 도를 닦는 수도사의 폭포 수행을 연상케 하는, 자칫하다가는 수명이 줄어버릴 것만 같은 행위지만 말이다.

좀 더 극단적인 면은 샤워할 때 그가 '소금물'을 사용해야 한다고 생각했다는 점이다. 건강 유지나 질병 치료 수단으로 해수욕이 활용되기 시작한 것이 그가 활동하던 19세기 중반 무렵의 일이었던 점으로 미루어 볼 때 그가 그러한 분위기에 영향을 받은 게 아닌가 싶다.

필모어 미국 대통령이 백악관에 '욕조를 설치한다'는 계획이 알려져 거센 비판에 직면한 이유는?

이렇게 의식하지 못하는 사이에 입욕은 단순히 신체를 청결하게 유지하기 위한 수단이라기보다는 심신을 단련하기 위한 행위가 되어 있었다. 기묘하게 금욕적인 면이 있는 19세기의 영국, 그리고 유럽 사회 전체적으로 따뜻한 물을 욕조에 받아 입욕하는 방식의 목욕은 바로 그 '기분 좋음'을 이유로 퇴폐적이다 못해 '음탕한 행위'로 여겨졌다.

어찌 되었든 19세기 중·후반에 들어서면서 유럽에서 목욕 문화는 점점 확산했다. 당시 런던을 예로 들어보면 샤워실을 집 안에 만들 여유가 없는 서민들의 경우 1840년 이후 차츰 국가가 도시에 설치한 '국민목욕탕'을 이용하게 된다. 그러나 이 목욕탕은 우리가 흔히 이용하는 그런 목욕탕이 아니었다. 말하자면 따뜻한 물을 담아놓은 욕조에 몸을 담그는 것이 아니라 오히려 수영장에 가까운 형태였다. 당대인은 '수영장'에 들어가기만 해도 건강 증진 효과가 있다고 믿었기 때문이다.

공공 목욕탕이 생기기 전 남자 노동자들은 템스강이나 하이

드파크 등 공원의 커다란 연못(주로 '레이크(lake)'라고 부르는)에 발 가벗고 들어가서 땀으로 범벅이 된 몸을 씻었다. 흥미로운 사실은 1845년에 개장한 빅토리아파크의 연못은 애초에 수영 및 노동자용 목욕탕으로 설계했으며 새벽 4시부터 아침 8시까지의 시간대에는 특별히 '목욕용'으로 개방했다고 한다.

한편 굳이 그렇게까지 하고 싶지 않은 사람도 많았다. 그들은 그저 비누를 문질러 손이나 얼굴을 씻는 정도로 만족하고 아주 가끔 따뜻한 물에 담근 천으로 몸을 닦을 뿐이었다.

무슨 일이든 변화에는 진통이 따르기 마련이다. 그런 맥락에서 영국은 물론이고 유럽 사회 전반에 걸쳐 입욕 문화가 오늘날과 같은 형태로 자리 잡기까지 상당한 시행착오와 혼란이 있었다.

오스트리아제국의 엘리자베트 황후(Empress Elisabeth of Austria, 1837~1898)는 매일 아침 입욕을 했는데 수온이 고작 7도밖에 되지 않았다. 같은 시기인 1851년 미국에서는 밀러드 필모어(Millard Fillmore, 재임 1850~1853) 대통령의 뜻에 따라 드디어 백악관에 욕실을 만든다는 계획을 발표했다. 그러나 백악관에 욕실을 설치한다는 계획이 알려지자 거센 비판이 일었다. 욕조는 '연방공화국(미국)의 소박함을 추락시키려는 쾌락주의적인 영국의 음모에 의한 어리석은 시도'라는 주장이 힘을 얻었기 때문이다. 앞에서 언급한 대로, 목욕은 '기분이 좋아진다'라는 이유만으로 '음탕한 행위'로 간주된 것이다. 심신 건강을 위해 날마다 목욕을 즐기는 현대인으로서는 참으로 이해하기 어려운 주장이 아닐 수 없다.

어쩌면 아직까지 미국과 유럽 사회에는 '욕조에 몸을 담그는 방식의 목욕이 심신건강에 바람직하지 않다'라는 의식이 남아 있는지도 모르겠다. 그런 생각을 하게 될 수밖에 없는 것이, 가스나 전기를 사용해서 굉장히 짧은 시간에 물을 끓이는 첨단 기술이 존재하는 오늘날의 서구 사회에서 욕조는 없이 샤워기만을 둔 호텔이, 그것도 꽤나 이름이 알려진 고급 호텔이 여전히 존재하기 때문이다.

episode

18

'진화론'의 주창자 다윈은 왜 20년간이나 은둔해야 했을까?

생물은 오랜 시간 환경에 적응하며 서서히 진화한다는 이론 '진화론'으로 너무도 유명한 19세기 영국의 과학자 찰스 다윈(Charles Darwin, 1809~1882). 그는 지구상의 모든 생물이 신에 의해 창조되었다는 기독교 세계의 상식을 과학적 관점에서 근본적으로 뒤엎은 인물이다.

다윈은 왜 일생일대의 '비글호 탐험' 이후
20년 동안이나 집 밖에 나가지도 않고
사람들과의 관계를 끊어버리다시피 해야 했을까?

대단히 혁신적이고 도발적인 학설의 주인공이자 창안자임을 고려할 때 정말 뜻밖에도 다윈은 겁이 많은 인물이었다. 유복한 과학자 집안에서 태어난 다윈은 처음엔 의대에 진학하지만 의학에 계속 정진했으면 하는 가족의 바람에 부응하지 못하고 케임브리지대학에 진학해 신학을 공부한다.

그러나 이후 그는 신학과 전혀 관련성이 없어 보이는 생물학 분야에 관심을 갖게 되고 무섭게 파고든다. 여기에는 곤충학자인 친척 어른의 권유도 영향을 미쳤지만 어린 시절부터

우웩

진지하게 몰두했던 곤충이나 식물 표본 채집 경험이 좀 더 직접적인 계기가 되었던 것으로 보인다.

다윈에게 중요한 전환기가 찾아왔다. 스물두 살 때의 일이다. 그는 영국 해군의 측량선 비글호를 타고 5년여 동안 세계 각지를 돌며 연구하는 일생일대의 기회를 얻었다. 이 여행에서 다윈은 다양한 동·식물 표본을 영국에 가지고 돌아왔다. 그에 따르면 그 수는 무려 5,436종류나 되었다. 전형적인 메모광이던 다윈은 무엇이든 상세히 기록하는 습관을 가지고 있었다.

그런데 그 연구 여행은 다윈이 '진화론'의 씨앗을 뿌리는 중요한 계기가 된 동시에 열정적으로 활동하는 마지막 기회가 된 셈이었다. 여행이 끝난 뒤 다윈은 20여 년간 집에 틀어박힌 채 밖으로 거의 한 발짝도 나가지 않았고 사람들도 일절 만나지 않았다.

진화론과 함께 유전학도 깊이 연구한 다윈이 근친결혼으로 끔찍한 비극을 겪어야 했던 아이러니한 개인사

앞에서도 언급했듯이 다윈이 '진화론'의 아이디어를 품기 시작한 시기는 이십 대 무렵이었다. 기독교인의 관점에서 볼 때 진화론은 위험천만한 사상이다. 그러므로 그는 이 이론을 자신이 깊이 신뢰하는 극소수의 사람 외에는 누구에게도 이야기하지 않았다. 그에게 은둔 생활이란 이단적인 사상으로 간주되는 생각에 지배당한 자신을 감금시킴으로써 스스로 진술의 기회를 봉쇄하는 행위였다. 이런 혹독한 시간이 20년 동안이나 이어졌다.

다행히도 다윈은 경제적으로 풍요로운 생활을 누렸기에 생계를 위해 세상에 나가 일을 할 필요가 없었다. '인류 역사상 가장 지적인 은둔 생활'이라는 별명은 그에게 잘 어울렸다.

다윈은 철저한 은둔 생활 중에도 1839년 사촌누이 에마 웨지우드와 결혼해 여러 명의 아이를 낳았다. 그러나 그것은 행복보다는 불행의 씨앗을 더 많이 가진 사건이었다. 왜냐하면 두 사람이 결혼해 낳은 아이들 대다수가 병약하게 태어나 자랐거나 심지어 일찍 죽는 비극을 겪어야 했는데, 근친결혼이 원인이었을 가능성이 크기 때문이다. 진화론을 깊이 연구한 다윈은 유전에 관한 연구도 병행했는데, 그런 그가 유전 문제로 끔찍한 비극을 겪었다는 것이 아이러니하게 여겨진다.

다윈은 영국 켄트주의 '다운하우스'라고 불리는 대저택에 머물며 연구에 몰두한다. 1842년 이후의 상황으로 이 생활은 그가 죽는 날까지 계속된다. 진화론이라는 매력적이고도 위험천만한 비밀을 가슴에 품은 다윈은 자칫 자신이 그것을 말해버림으로써 감당할 수 없는 사태를 맞게 될까 두려워 점점 더 대인 기피 증세가 심해지고 철저한 은둔 생활을 하게 된다.

1840년 이후 다윈은 신경성 발작에 시달린다. 그는 구토를 시작으로 두통, 현기증, 습진, 불면증 등 '종합병원'이라는 별명으로 불려도 좋을 만큼 수많은 증상에 시달리며 고통받고 괴로워한다. 그중에서도 특히 다윈을 괴롭힌 것은 구토였다. 식사할 때마다 그는 구토를 하고 한밤중에도 몇 번씩 심하게 구토를 하는 게 일상다반사였는데, 온갖 약을 먹어도 차도가 없고 의사의 치료도 효과가 없었다.

다윈, 오랜 침묵을 깨고 마침내 불후의 고전 『종의 기원』을 출간하여 영국 사회를 발칵 뒤집어놓다

다윈은 마침내 오랜 침묵을 깨고 『종의 기원(On the Origin of Species)』이라는 불후의 걸작을 출간함으로써 자신의 진화론 구상을 정리해 세상에 도발적 질문을 던지기 시작했다. 이후 이 책은 비교적 짧은 기간에 1,250권 이상의 주문이 들어왔는데, 당시 전문가가 쓴 학술서인 점을 고려하면 대단한 베스트셀러인 셈이었다. 1859년, 그의 나이 쉰 살의 일이었다.

그로부터 12년 후인 1871년 다윈은 "인간의 선조는 원숭이다"라는 더욱더 대담한 이론을 발표했다. 그러나 예상대로 영국 사회의 보수적인 사람들은 다윈의 이론에 격노했다. 이로 인해 다윈은 극심한 스트레스를 받게 되고 구토 증상도 점점 더 심해졌다. 그는 또다시 터널과도 같은 기나긴 은둔 생활에 들어갔다.

이후 다윈은 학회에는 거의 나가지 않았고 오직 편지로만 세상과 소통했다. 그는 2,000명이 넘는 많은 사람과 편지를 통해 의견을 주고받았는데, '역사적으로 가장 능동적인 은둔 생활'이라 부를 만했다.

다윈의 건강은 날이 갈수록 악화하다가 결국 최악의 상태를 맞이했고 자택에서 조용히 숨을 거두었다. 1882년 4월 19일, 그의 나이 일흔세 살이었다.

대단한 메모광 다윈은 세상을 떠날 때까지 쉬지 않고 뭔가를 기록했는데, 죽음이 닥치기 직전에 "나는 방금 내 생애 400만 번째 구토를 했다"라고 적었다. 마지막까지 이토록 강력한 메모광의 습관을 유지했다는 것이 참 놀랍고도 대단하게 여겨진다.

episode

19

죽은 뒤 200조각 난
천재 중의 천재
아인슈타인의 불쌍한 뇌

아인슈타인의 그 유명한 '혀를 내민 사진'은 어떻게 찍히게 되었을까?

20세기가 낳은 가장 위대한 물리학자이자 인류가 낳은 최고 천재로 손꼽히는 알베르트 아인슈타인(Albert Einstein, 1879~1955). 그는 일흔여섯 살의 나이에 지병인 대동맥류 파열로 사망했다. 제2차 세계대전이 종언을 고한 지 10년 뒤인 1955년 4월 18일의 일이다.

아인슈타인은 독일 출신이었으나 나치스 독일의 횡포와 만행에 신물을 느끼고 제2차 세계대전이 발발하기 이전부터 미국에 망명해 살고 있었다.

괴짜였던 그의 인물 됨됨이는 미국인 다수가 생각하는 일반적인 천재상과 거의 일치했다. 그러므로 물리학이라는 대중성이 떨어지는 학문의 전문가였음에도 아인슈타인에게는 항상 기자들이 구름처럼 따라다녔다.

아인슈타인은 언변이 좋고 사람들과도 그런대로 잘 어울리는 편이었지만 자신에게 무례하게 굴고 어디서나 거리낌 없이 들이대는 카메라와 기자들에게 웃는 얼굴로 대할 수 있을 만큼 성격이 좋지는 못했다. 오늘날까지 남아 있는 그의 사진에 웃는 얼굴이 거의 없는 것도 그런 이유에서다.

그렇다면 그 유명한 '혀를 내민 사진'은 어떻게 찍히게 되었을까? 이는 일흔두 살 생일 때 찍힌 사진으로, 좀처럼 웃는 일이 없는 아인슈타인을 웃게 만들려는 기자의 꿍꿍이 속셈에 넘어가 거의 웃는 얼굴이 사진으로 찍힐 뻔했을 때 웃는 얼굴 대신 혀를 내미는 모습으로 위기(?)를 넘긴 장면이다. 그런 상황을 싫어하긴 했으나 그 사진이 마음에 든 아인슈타인은 기자에게 여러 장 인화를 부탁했다고 한다.

그건 그렇고, 당시에 이미 아인슈타인의 몸 안에서 그를 죽음의 벼랑 끝으로 내모는 대동맥류가 확실히 부풀어 오르고 있었으니 참 얄궂은 운명이 아닐 수 없었다.

부검 담당 의사의 엉뚱한 호기심 탓에 황당한 실험 대상으로 전락한 아인슈타인의 뇌

아인슈타인은 유언을 남겼다. 자신의 시신을 화장해서 그 재를 '뉴저지주의 어딘가'에 뿌린 다음 장례식을 끝내달라는 내용이었다. 살아생전 언론과 추종자들에게 쫓겨 다니는 것이 지겨웠던 탓일까. 그는 자신의 무덤이 팬들의 성지가 되거나 '순례자'들로 넘쳐나게 되는 상황을 원하지 않았던 것으로 보인다.

그러나 그 유언은 말도 안 되는 이유로 지켜지지 않았다. 그

'말도 안 되는 이유'가 뭐였냐고? 그걸 알기 위해 당시 상황 속으로 들어가보자.

아인슈타인의 사체는 관례적으로 병원에서 부검을 받게 되었다. 부검 담당 의사는 프린스턴 병원의 토머스 하비(Thomas Stoltz Harvey, 1912~2007)라는 병리의사였다. 그는 시신을 해부함으로써 아인슈타인의 천재성의 비밀을 찾아낼 수 있으리라는 엉뚱한 생각을 했고 그 일에 지나치게 몰입해 있었다. 하비는 유족의 동의를 얻지 않은 채 아인슈타인의 사체에서 여러 기관을 분리했다. 특히 그가 알고 싶었던 것은 아인슈타인의 뇌의 무게였다.

하비는 왜 아인슈타인의 뇌의 무게에 그토록 지대한 관심을 가졌을까? 20세기 후반인 당시만 해도 아직 '뇌의 무게가 그 사람의 지적 능력을 보여준다'라고 일반적으로 믿었기 때문이다. 하비는 틀림없이 '아인슈타인의 뇌가 일반인의 뇌에 비해 훨씬 무거울 것이다'라고 추정했다.

그러나 실제로 해부해서 측정해본 결과, 아인슈타인의 뇌는 평균 성인 남성의 뇌보다도 약간 가벼운 1.2킬로그램이었다. 하비는 저울이 보여주는 숫자를 믿을 수 없었다. 참고로 1.2킬로그램이면 평균적인 크기의 양배추 1통 정도의 무게다.

그 정도 선에서 끝냈다면 그나마 좋았겠지만 하비는 한발 더 나아갔다. 그는 아인슈타인의 뇌를 좀 더 자세히 알고 싶은 욕구를 억제하지 못하고 그 뇌를 포르말린 병에 넣어 표본으로 만들었다.

하비는 왜 아인슈타인의 뇌를 200조각 넘게 잘랐을까?

아인슈타인의 시신은 그렇게 뇌를 도둑맞은 채 유족에게 돌아갔다. 그러나 누구도 아인슈타인에게 일어난 변화를 눈치채지 못했다. 그리고 그의 유언대로 시신을 화장했고 뉴저지 주의 어딘가에 그 재를 뿌렸다.

하지만 하비는 위대한 천재 아인슈타인의 뇌를 자신이 가지고 있다는 사실을 동료에게 자랑하지 않고는 견딜 수가 없었다. 소문은 삽시간에 퍼져나갔고 하비는 프린스턴 병원에서 해고되었다. 그러나 하비는 다음 직장을 어렵지 않게 구할 수 있었다. '아인슈타인 뇌의 소유자'라는 타이틀이 위력을 발휘한 것일까? 그의 다음 직장은 바로 펜실베이니아대학이었다.

하비는 자기 연구실에서 아인슈타인 뇌를 200조각 넘게 잘게 잘랐다. 뇌는 부위별로 담당하는 기능이 제각각 다르기 때문이다.

하비는 그 시점에 어떤 곤란한 상황에 맞닥뜨리게 된다. 뇌는 자기 손에 있지만 그 뇌를 분석할 만한 기술이나 마땅한 수단이 없었으므로 연구를 진척시킬 수 없었던 것이다. 고민 끝에 하비는 전 세계의 뛰어난 과학자들에게 아인슈타인의 뇌 조각을 보내기 시작한다. 누구에게 뇌의 어떤 부분을 넘겼는지 등을 담은 일목요연한 목록 같은 것은 작성하지 않았다. 그로 인해 기가 막히게도 아인슈타인의 뇌 절반 정도가 오늘날까지 행방불명이 되어 도저히 찾을 수 없게 되어버렸다. 아인슈타인의 뇌를 받았다는 기록이 남아 있는, 혹은 받았을 것으로 추정되는 연구자 중에는 아인슈타인의 뇌와 헤어지고 싶지 않아 '자신은 애초 그런 물건을 받은 적이 없다'라고 목에 핏대를 올리며 주장한 사람도 있다는 사실이 최근의 조사로 밝혀졌다.

이렇게 시신으로부터 빼내어진, 그리고 심지어 조각조각 나버린 아인슈타인의 뇌에 대해서는 지금까지 이루어진 조사로 대서특필할 수 있을 만큼 의미 있는 사실이 발견되지 않았다. 그저 '발상력이 뛰어남' 등을 보여주는 하두정 소엽이라는 뇌 영역이 평범한 사람에 비해 15퍼센트 정도 크다는 특징이 밝혀진 게 전부일 정도다.

천재의 두뇌의 비밀은 지금까지 거의 아무것도 밝혀지지 않은 채 여전히 베일에 싸여 있다.

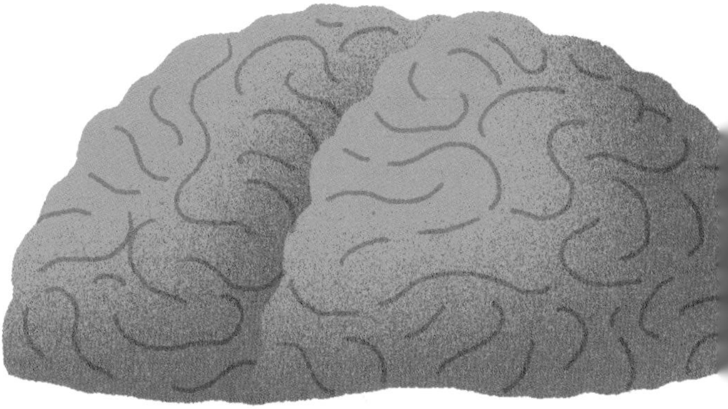

5

부와 권력을 향한
브레이크 없는 인간의 욕망

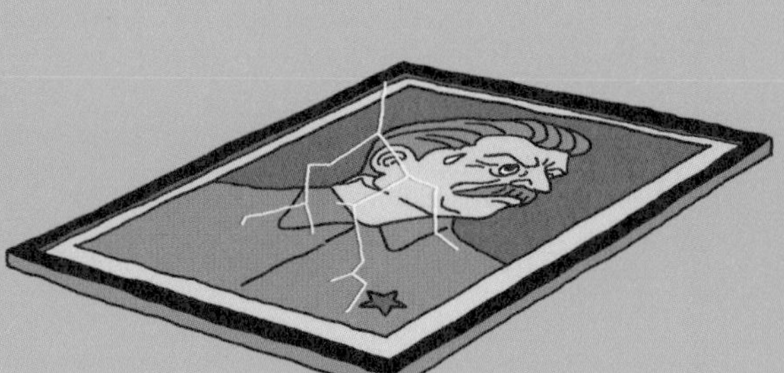

episode

20

로스차일드가를
인류 역사상
최고의 부자로 만든 것은
'정보의 힘'이었다

마이어 암셸이 엄청난 부를 일굴 수 있었던 두 가지 비결, '다섯 명의 유능한 아들'과 '정보의 힘'

독자 여러분은 '세계적 대부호' 하면 가장 먼저 누가 머릿속에 떠오르는가? 아마도 대부분 로스차일드가를 떠올리지 않을까? 로스차일드가의 역사는 지금으로부터 500년도 더 전인 16세기까지 거슬러 올라간다. 당시만 해도 이 가문은 프랑크푸르트의 유대인 거주 구역에서 소액의 대출 업무와 환전상을 운영하는 작은 조직에 불과했다. 18세기에 접어들어 로스차일드가는 선조에게 물려받은 대출이나 환전 업무에 실크, 보석, 액세서리 등 상류층 사람들을 대상으로 한 사치품을 취급하는 상사 업무를 시작했다.

로스차일드가는 어떻게 전 세계를 주무르는 금융 재벌이 될 수 있었을까? 18세기 말~19세기 중반에 걸친 혁명과 전쟁의 시대에서 그 결정적 계기를 찾을 수 있다. 마이어 암셸 로스차일드(Mayer Amschel Rothschild, 1744~1812)는 당시 귀족들이 서로 경쟁하듯 수집하던 고대 시대 금화 통신 판매로 막대한 수익을 올리고 중세 이후 명문가의 피를 이어가는 헤센 선제후의 궁정에도 자유롭게 출입할 수 있는 권리를 부여받았다.

당시 헤센 선제후는 자국의 군대를 다른 나라에 용병으로 빌려주는 방식으로 운용하고 있었다. 마이어 암셸은 이러한 점을 교묘히 파고들어 부를 축적했다. 예를 들면 그는 18세기 중반 미국 곳곳에서 벌어지는 독립운동을 억누르기 위해 영국에 용병을 요청한 뒤 미국으로 군대를 파견하는 복잡한 업무를 빈틈없이 대행해주는 방식으로 상당한 이익을 챙김과 동시에 헤센 선제후의 확고부동한 신임도 얻었다.

마이어 암셸에게는 다섯 명의 유능한 아들이 있었다. 그는 프랑크푸르트, 런던, 파리, 빈, 나폴리라는 유럽 각지의 경제적 요충지에 다섯 아들을 보내어 역할을 수행하게 했다. 마이어 암셸과 그의 다섯 아들, 그리고 로스차일드가가 가진 최대 무기는 '정보'였다. 다시 말해 그들이 가진 정보 수집력과 전달의 정밀함과 신속함은 웬만한 나라의 첩보 능력을 뛰어넘을 정도였다.

워털루 전투에서 '나폴레옹이 진다'에 자신과 가문의 운명을 건 네이선

마이어 암셸의 다섯 아들 중 상업적 재능이 가장 탁월한 사람은 셋째 네이선(Nathan Mayer Rothschild, 1777~1836)이었다. 1810년에 네이선은 런던의 금융가인 시티(City of London)에 번듯한 사무실 겸 주거지를 마련했는데 이 건물에는 지금도 로스차일드은행이 자리하고 있다.

전 세계에서 시장 경제가 가장 고도로 발달한 런던에 머물면서 네이선이 주목한 것은 유럽 대륙에서 날아오는 정보였다. 당시 유럽에서는 엄청난 역사적 사건이 될 만한 일이 벌어질 기세였다. 그것은 바로 프랑스 황제 보나파르트 나폴레옹으로부터 시작된 일이었다. 일시적으로 퇴위했던 나폴레옹이 다시 프랑스 황제로 복귀하면서 유럽의 여러 곳에서 전쟁이 일어난 것이었다.

전쟁은 인류가 만들어낸 가장 끔찍한 행위이면서 동시에 최고의 비즈니스 기회의 장이다. 특히 네이선에게 1815년 6월 무렵은 일생일대의 승부를 걸 만한 운명적 시기였다. 나폴레옹이 진두지휘하는 프랑스군과 그를 다시 몰락의 길로 떠밀려는 영국, 네덜란드, 프로이센, 오스트리아 연합군이 오늘날의 벨기에 땅에서 본격적으로 충돌하기 시작했다. 모든 네트워크를 가동해 정보를 수집하고 면밀히 분석하며 매의 눈으로 날카롭게 상황을 지켜보던 네이선은 훗날 '워털루 전투'라는 이름으로 불리게 된 이 대규모 군사 분쟁을 놓고 '나폴레옹이 패배한다'에 표를 던졌다.

그러나 초반 상황은 네이선의 예측대로 흘러가지 않았다. 우여곡절 끝에 프랑스 황제의 자리에 다시 오른 나폴레옹의 기세는 상상 이상으로 거셌고, 영국을 비롯한 연합군은 프랑스군에 정신없이 밀리며 고전을 면치 못하는 바람에 영국의 국채 가격은 곤두박질치기 시작했다.

이런 상황에서 네이선은 뜻밖의 결정을 내렸다. 네이선은 하락장에서 영국 국채와 정부 관련 주식을 매도하기는커녕 대량으로 매입했던 것이다. 그는 왜 이런 결정을 했을까? 나폴레옹은 이미 전성기를 지났고 결국 프랑스군이 패배할 것이라는, 믿을 만한 정보에 바탕을 둔 냉철한 판단 결과였다. 나폴레옹의 프랑스군이 패배하고 영국을 비롯한 연합군이 승리하면 네이선이 바라는 대로 영국 국채와 정부 관련 주식 가격은 급등할 게 불을 보듯 뻔했다.

로스차일드호를 이용해 영국과 유럽 대륙을 날마다 오가며 최신 정보를 입수하는 네이선

결과는 역시 네이선이 예상한 대로였다. 6월 18일, 프랑스군은 최전선의 장군들에게 황제이자 총사령관인 나폴레옹의 중요한 군사적 판단과 명령이 잘못 전달되었고 그것이 직접적 원인이 되어 패배했다. 하지만 이 천문학적 가치를 지닌 최신 뉴스가 바다 건너 영국에 전달되기까지는 많은 시간이 걸릴 수밖에 없었다.

한편 네이선은 자신이 소유한 배 '로스차일드호'의 선장에게 지시하여 영국과 유럽 대륙을 날마다 오가며 워털루 전투에 관한 최신 정보를 쉴 새 없이 입수하도록 했다. 로스차일드 호는 매우 성실했다. 어찌나 성실한지 아무리 궂은 날씨에도 아랑곳하지 않고 항해를 이어갈 정도였다. 덕분에 네이선은 영국 안에 거주하는 그 누구보다 재빠르게 최신 고급 정보를 획득할 수 있었다.

어느 날 새벽, 진작 잠에서 깬 네이선에게 깜짝 놀랄 소식이 전해졌다. 워털루 전투에서 나폴레옹 군대가 패배할 가능성이 크다는, 그가 간절히 바라던 정보였다. 6월 20일의 일이었다. 아침 9시 증권거래소 개장까지는 아직 몇 시간이 남아 있는 시점이었다.

단 한 번의 '악마와도 같은 연극'으로 증권거래소의 상장주 60퍼센트 이상을 매점하고 단 하루 만에 자산을 2,500배 늘리다

이날 네이선은 증권거래소에 비장한 표정으로 가장 먼저 모습을 드러냈다. 비장하기는 하나 그의 얼굴은 하얗게 질려 있었다. 증권거래소에 도착한 후 그는 즉시 영국 국채 등을 모두 팔아치우기 시작했다. 네이선이 드러내놓고 요란하게 행동하는 바람에 그가 주식을 매도한다는 사실이 증권거래소 건물

안에 있는 모든 사람에게 순식간에 알려졌고 그 소문이 발 없는 말이 되어 증권거래소 밖으로 삽시간에 퍼져나갔다.

당시 사람들은 적어도 1814년 이후 네이선 메이어 로스차일드가 매일같이 시티의 증권거래소를 방문하여 주식을 거래하는 모습을 보아왔다. 그들은 평상시라면 네이선이 주로 오후 3~4시 반 무렵 나타난다는 걸 잘 알고 있었다. 그런데 '정보력이 뛰어난 네이선이 아침 일찍 하얗게 질린 얼굴로 달려와 영국 국채를 모두 팔아버린다?' 그 모습을 지켜본 투자자들은 모두 워털루 전투에서 영국이 패배한 게 틀림없다고 믿을 수밖에 없었다.

이렇듯 영국에서는 국채와 정부 관련 주식이 마치 쓰레기가 내팽개쳐지듯 매도되었고 그 가격은 바닥을 모른 채 추락했다. 이런 상황에 속으로 쾌재를 부른 사람은 오직 한 사람, 네이선뿐이었다.

이후 네이선은 바닥 가격이 형성된 국채와 정부 관련 주식 등을 자기 직원들에게 모두 조용히 사들이도록 지시했다. 이 한 번의 거래로 그는 증권거래소의 상장주 60퍼센트 이상을 매점하는 데 성공했다.

영국에 "나폴레옹 패배! 영국과 연합군의 대승리!!"라는 호외가 공식적으로 전달된 것은 6월 21일 오후였다.

네이선이 주연으로 연기한 뛰어난 연극 덕분에 한순간에 폭락해버린 영국 국채는 단숨에 폭등으로 돌아섰고, 그 60퍼센트가 넘는 막대한 자금을 집어삼킨 네이선의 총자산은 단 하루 만에 2,500배로 불어났다. 그가 하루 동안 얻은 이익은 100만 파운드가 넘었다. 1파운드는 오늘날의 화폐가치로 환산하면 수백만 원 정도라고 하니 그가 벌어들인 돈은 무려 수십조 원에 달하는 엄청난 금액이었다.

네이선은 그야말로 일확천금을 손에 넣은 반면 영국 곳곳에서는 자신이 가지고 있던 국채를 헐값에 팔아버리고 파산한 사람들로 넘쳐났다.

돈과 실리 외에는 그 무엇에도 관심 없는, 뼛속까지 비즈니스맨 네이선의 일생

네이선은 음모가였다고 사람들은 말한다. 그러나 나는 그가 음모가라기보다는 냉철하고 침착하게 거래하기를 즐긴 수완 좋은 금융가였으며, 자신의 돈벌이 방법을 다른 사람이 어떻게 생각하는지 따위는 안중에도 없는 복합적인 인물이었다고 본다.

어떻게 규정하든 일반적 도의에서 벗어난 방법도 주저 없이 사용하면서 막대한 부와 명성을 쌓은 것이 네이선과 로스차일드가라는 점만은 분명하다. 네이선은 명예보다는 부를 좇았고 명분보다는 실리를 추구했다. 그런 까닭에 그는 1817년 투자

원조를 해주던 합스부르크가에서 로스차일드가의 다섯 형제의 이름을 모두 세습 귀족으로 올려주겠다는 연락이 왔을 때 전혀 관심을 보이지 않았다. 수락하면 다른 형제들과 함께 그도 남작이 될 터였으나 작위나 훈장 따위에는 전혀 흥미를 보이지 않았다.

네이선은 사망하는 1836년까지 날마다 시티의 증권거래소를 향한 발걸음을 멈추지 않았다고 한다. 그러고 보면 큰 부자가 되는 길에는 '성실함'과 '부지런함'도 빼놓을 수 없는 요소인가 보다.

episode

21

구근 한 뿌리가
집 한 채 가격에 팔릴 정도로
엄청난 거품을 일으킨 식물,
튤립 이야기

인류 역사상 인간에게 가장 사랑받은 동시에 미움받은 꽃, 튤립

퀴즈로 이야기를 시작해보는 건 어떨까? 유럽, 아니 세계 역사를 통틀어 인간에게 가장 사랑받은 동시에 가장 미움받은 꽃이 있다. 그게 뭘까? 장미? 백합? 아니다. 그것은 바로 '튤립'이다.

튤립은 원래 야생에서 나고 자라는 식물, 즉 들꽃이었다. 그러던 것이 주로 11세기경부터 이슬람 세계에서 학자와 전문가들에 의해 본격적으로 품종 개량이 이루어졌다. 이슬람 세계에서 튤립의 인기는 그야말로 대단했다. 페르시아의 왕에서 터키의 역대 술탄에 이르기까지 많은 통치자들이 튤립의 선명한 색상과 아름다운 자태에 매료되었다.

당대의 이슬람인들은 왜 그토록 튤립에 강하게 매료되었을까? 그것은 강렬하고 아름다운 색상 때문만은 아니었다. 품종 개량을 하면 할수록 튤립은 매우 다양한 색과 형태, 모양, 크기의 아름다운 꽃을 피웠는데, 바로 그 점이 튤립의 성공 요체였다. 그것이 술탄과 귀족 등 많은 사람들에게 말할 수 없이 신비한 매력으로 다가왔다.

튤립 품종 개량에 몰두하던 신성로마제국의 궁정 식물학자 카롤루스 클루시우스가 갑자기 해고당한 까닭은?

애초에 튤립은 '사랑의 꽃'이었으나 16세기 이슬람 문화권에서는 '신을 상징하는 꽃'으로 받아들여졌다. 이슬람교도 남성이 머리에 감는 터번에 튤립을 중요한 장식물로 사용한 것도 그래서였다.

16세기 후반, 합스부르크가의 대사로 터키에 파견돼 있던 오지에 기슬랭 드 뷔스베크(Ogier Ghiselin de Busbecq)가 꽃을 유난히 좋아했던 신성로마제국 황제 페르디난트 1세(Ferdinand I, 재위 1556~1564)에게 튤립 구근을 보냈다는 기록이 남아 있다. 이것이 바로 튤립이 이슬람 국가인 터키에서 유럽으로 건너간 최초의 일로 인정받는다. 이후 궁정 식물학자 카롤루스 클루시우스(Carolus Clusius)는 빈의 합스부르크가 궁정 정원에 피어 있는 튤립의 품종 개량에 몰두했다.

1576년 어느 날 클루시우스는 해고 통보를 받았다. 해고 사유가 뭐였을까? 합스부르크가의 황제가 바뀐 탓이었다. 즉, 식물을 유난히 좋아했던 페르디난트 1세에서 막시밀리안 2세를 거쳐 예술 애호가이기는 하나 식물에는 그다지 관심 없는 루돌프 2세(Rudolf II, 재위 1576~1612)로 황제 자리가 넘어갔기 때문이다. 이유는 그것만이 아니었다. 독실한 가톨릭 신자였던 루돌프 2세는 클루시우스가 개신교 교도라는 점도 마음에 들지 않았다.

이런 상황에서 클루시우스는 대량의 튤립 구근을 가지고 네덜란드로 건너갔다. 여러분도 잘 알다시피 네덜란드는 당대의 대표적인 개신교 국가였다. 그는 네덜란드 레이던 대학 교수가 되었다. 1593년의 일이다. 이후 클루시우스는 다시 튤립 품종 개발에 몰두했고, 그의 열정적인 연구로 신기한 튤립 품종이 잇달아 탄생하기 시작했다.

진귀한 튤립 구근 하나와 유명 와이너리를 통째로 교환했다는데?

클루시우스의 열정적 노력과 탁월한 연구 성과 덕분에 네덜란드에서 튤립의 인기가 나날이 높아져만 갔다. 그러나 인기가 높아질수록 그에 비례하여 문제도 생기는 법. 클루시우스의 집에서 희귀한 품종의 튤립 구근이 도난당하는 사건이 발생했다. 이후 그 구근은 네덜란드 암시장에서 거래되었다. 이는 평소 원예에 별로 관심이 없던 사람들 사이에서조차 '튤립 구근이 돈이 된다'라는 인식이 생겨날 정도로 확실한 시장이 형성되었다는 것을 의미하는 사건이었다. 실제로 특히 양질의 구근을 가진 인기가 높은 품종의 튤립의 경우 입이 떡 벌어질 만큼 엄청난 고가에 거래되기 시작했다. 1634년 무렵의 상황이었다.

튤립이 인기를 얻기 시작하던 초반에만 해도 튤립은 원예 마니아나 이 분야 전문가들 사이에서나 구근이 사고 팔리는 수준이었다. 그러던 것이 '돈이 된다'라는 소문이 퍼지면서 지인에게 돈을 빌리고 은행에서 대출을 받아서라도 구근을 사려는 사람들로 넘쳐났다. 그리고 어느 시점까지는 그렇게 불을 향해 맹목적으로 날아드는 부나방처럼 투기에 뛰어든 사람조차 구근 거래로 돈을 벌었다. 그런 식으로 한동안 네덜란드에서 튤립 구근 가격은 천정부지로 치솟기만 할 뿐 떨어질 기미가 보이지 않았다.

돈을 못 벌면 벌고 싶고 돈을 많이 벌면 더 벌고 싶은 것이 인지상정이 아닌가 싶다. 1636년 무렵이 되자 사람들의 '돈을 벌고 싶은' 욕망은 점점 더 강해지고 그 한계 없는 욕망이 튤립에 오롯이 집중되어 가격 상승률이 연일 최고 기록을 갱신하기 시작했다. 급기야 가장 희귀한 고가의 상품으로 인정받는 품종 '셈페르 아우구스투스(Semper Augustus, 영원한 황제)' 튤립 구근 하나를 약 5만 제곱미터의 택지 부동산과 맞바꾸자고 제안하는 투자자까지 나타났다. 한데 그게 다가 아니었다. 그와 비슷한 시기에 셈페르 아우구스투스 구근 한 개가 4,600플로린에 새 마차 1대와 말 2필, 마구 일체와 함께 거래되었다. 참고로, 당시의 1플로린을 오늘날의 가치로 환산하면 대략 25만 원

정도라고 하니 튤립 구근 하나가 자그마치 10억 원이 훌쩍 넘는 엄청난 가격에 거래된 셈이다. 좀 더 쉽게 말해 식물 뿌리 하나가 오늘날 대도시의 집 한 채, 그것도 입지 좋은 고가의 집 한 채 가격에 거래된 것이었다.

구근 상태의 튤립 거래는 수도 암스테르담이나 로테르담, 레이던 등 증권거래소가 있는 네덜란드 대도시의 시장에서 주로 이루어졌다. 구근이 마치 금융 자산이나 다이아몬드 등 보석류처럼 귀한 대접을 받으며 거래된 것이다.

튤립 구근을 둘러싼 거센 욕망의 파도는 네덜란드 안에서만 머무르지 않았다. 이내 독일, 프랑스, 이탈리아 등 인접해 있는 유럽의 이웃 나라로 들불 번지듯 걷잡을 수 없이 번져나갔다. 당시 앙리 4세(Henri IV, 재위 1589~1610)가 통치하던 프랑스에서는 진귀한 튤립 구근 한 개와 유명 와이너리 하나가 통째로 교환되기도 했으며 귀족의 결혼 지참금 대신 구근이 사용될 정도로 당대 유럽인들은 그야말로 비정상적 열광의 도가니에 빠져 있었다.

게다가 상당한 재력을 자랑하는 유럽 여성 사이에서는 보석 대신 옷에 튤립을 다는 것이 유행하기도 했다. 당시 희귀한 튤립 생화는 다이아몬드와 비슷한 가치로 거래될 정도였다. 또 당시 네덜란드에서는 튤립을 그린 정물화가 화가들에 의해 많이 그려졌는데, 유명화가가 그린 튤립 그림보다 실물이 훨씬 비싼 가격에 거래되었다고 한다.

끝을 모르고 치솟기만 하던 튤립 구근 가격이 폭락하기 시작한 몇 가지 결정적 이유

인간의 마음이란 참 묘하다. 신기하게도 무언가의 가치가 높아지면 높아질수록 인간의 마음은 한편으로는 마치 애드벌룬처럼 붕 떠서 내려올 줄 모른 채 있다가도 다른 한편으로 마음 한구석에 '저게 저렇게까지 엄청난 가격에 거래될 물건이야?'라는 의구심이 싹트기 시작한다. 그리고 그런 심리가 감염병 번지듯 퍼져나가기 시작하면 튤립 구근 따위가 말도 안 되는 엄청난 가격에 거래되는 '어리석은 소동'은 오래 지속되지 못한다.

실제로 그런 흐름으로 '튤립 버블' 붕괴가 찾아왔다. 1637년 2월 3일, 네덜란드의 모든 튤립 구근 가격이 일제히 폭락하기 시작했다. 이유는 단순했다. 각자 보유하고 있던 튤립 구근 가격이 내리기 전에 서둘러 팔아서 현금화해두려고 내놓는 투자자들이 많아졌기 때문이다.

타이밍도 한몫했다. 튤립 구근은 '가을심기'를 해야 한다. 봄에 피는 꽃이어서 개화를 준비하는 몇 개월 동안 땅속으로 구근을 돌려보내 재배를 시작하지 않으면 썩어버린다. 네덜란드에서는 최종 기한이 2월 초 무렵이다. 이후 여름이 되기 전까지 구근을 땅속에 심어두어야 하기 때문에 거래를 하고 싶어도 할 수가 없다.

빈센트 반 존버만
VINCENT VAN JONVERMANN

그런데 하필 이 시기에 '구근 가격이 내려가기 시작했다'는 헤드라인의 뉴스가 연일 신문지면을 장식했다. 이런 상황에서 한시 바삐 현금화하려는 투자자들의 튤립 구근이 시장에 쏟아져 나오기 시작했다. 구근 가격은 연일 곤두박질쳤고, 최고급 품종 '셈페르 아우구스투스' 가격도 불과 몇 달 만에 10분의 1 정도로 떨어졌다.

튤립 구근의 가치가 하락하자 심각한 사회 문제가 발생했다. 구근은 사전에 정해둔 가치로 미래 가치를 보증하는, 소위 '선물 거래' 방식으로 거래되었는데 구근 가격이 폭락하기 시작한 1637년 2월 3일 이전과 이후로 가격이 천양지차로 달라졌다. 어떤 상인은 도매업자에게 구근을 받는 것은 물론이고 비용을 내는 것도 매몰차게 거절했다. 더는 사고팔 수 없어진 상품에 애초 약정한 가격을 지불하고 나면 파산은 불을 보듯 뻔한 결과이기 때문이었다. 그러나 상거래의 계약불이행은 범죄이므로 급기야 당국이 나설 수밖에 없었다. 이런 식으로 1630년대 네덜란드에서는 날마다 많은 수의 파산자와 범법자가 생겨났다.

튤립 버블 붕괴로 상처를 입은 것은 개인 투자자만이 아니었다. 그때까지 승승장구하던 네덜란드가 받은 타격도 만만치 않았다. 장기간 호조를 이어가던 네덜란드 국가 경제는 향기도 없고 열매도 맺지 못하는 꽃처럼 되어버려 한동안 침체의 나락으로 빠져들었다.

갑작스럽게 찾아온 튤립 버블 붕괴 사태, 17세기 유럽의 그림 트렌드마저 송두리째 바꿔놓다

튤립 버블 붕괴는 그림 시장과 트렌드에도 영향을 미쳤다. 버블 붕괴 이후 네덜란드에서 화가가 그림에 튤립을 그리면 '허영' 등의 부정적 의미를 담고자 한 것으로 간주되기 시작한 것이다. 다른 한편으로 튤립은 개화 시기가 상대적으로 짧아서 '삶의 덧없음'을 상징하기도 하고 '죽음을 기억하라'라는 의미의 '메멘토 모리(memento mori)'의 메시지를 전달하는 도구가 되었다.

17세기의 네덜란드 그림이나 음악 등 예술 전반에 '제행무상(諸行無常, 세상 모든 행위는 늘 변하여 한 가지 모습으로 정해져 있지 않다는 의미. — 옮긴이)'의 분위기가 감도는 것도 튤립 버블 붕괴 사태와 무관하지 않은 것으로 보인다. 그 후 유전학이 확립되어 튤립의 색깔이나 형태 변화도 17세기처럼 신비하지 않게 된 20세기 이후 튤립 구근의 가격은 안정되었다.

아무튼 튤립 버블 사태가 일어나지 않았다면 그 정도로까지 튤립의 품종 개량이 활발히 진행되지 않았을 테고, 또 유럽에서 멀리 떨어진 아시아에까지 '봄의 꽃'으로 전해지는 일도 없지 않았을까.

episode

22

유럽을 지배하는 합스부르크제국의 돈줄을 틀어쥔 '그림자 황제' 푸거 가문

내실을 다지지 못한 채 끊임없이 확장만 추구하며 몰락한 카를 5세 치하의 합스부르크제국

중세에서 근세에 이르는 기나긴 기간 동안 합스부르크 가문에서 배출하는 황제의 용모에는 한 가지 묘한 징크스가 있었다. 황제의 턱이 크고 길수록 그의 치세가 화려하다는 속설이 바로 그것. 그 징크스가 맞았던 것일까? 외국 대사들이 '합스부르크의 턱'이라고 부른 카를 5세(Karl V, 재위 1519~1556) 시대에 합스부르크가는 그야말로 절정기를 맞이하고 있었다.

카를 5세는 그 거대한 턱을 움직여 아침부터 저녁까지 욕망이 이끄는 대로 엄청난 양의 식사를 하고 그에 곁들인 맥주나 와인을 입안으로 들이부었다. 그의 턱은 너무도 거대해서 윗니와 아랫니가 맞지 않았다. 그런 까닭에 씹는 행위 자체가 힘들었던 그는 음식을 씹지 않고 거의 통째로 삼키곤 했다고 한다.

그럼에도 그의 왕성한 식욕에는 브레이크가 없었다. 그는 뱀장어파이, 이베리코산 소시지, 정어리가 들어간 오믈렛, 자고 소금절임, 동글동글하게 살찐 거세한 닭 등 자신이 유난히 좋아하는 음식을 쉴 새 없이 먹고 또 먹었다.

특히 그는 양념이 강한 메뉴를 좋아해서 요리에 레몬, 육두

구, 정향, 후추 등 온갖 향신료를 듬뿍 뿌리게 했다. 당시 스페인에는 콜럼버스가 '발견'한 신대륙 아메리카를 시작으로 세계 각지에서 다양한 향신료가 대량으로 유입되고 있었다.

강력한 리더십을 발휘하는 카를 5세의 지휘 하에 쉼 없이 확대해가던 제국령은 마침내 전 세계인으로부터 '해가 지지 않는 나라'로 칭송받기에 이르렀다. 먹어도 먹어도 질리지 않고, 심지어 위장 장애가 생겨도 굴하지 않으며 쉴 새 없이 먹어댄 카를 5세의 행태는 내실을 다지지 못한 채 끊임없이 확장만 추구하던 합스부르크제국과 흡사했다. 아무튼 합스부르크제국의 경제 상황은 카를 5세 치세 전반기에 정점을 찍은 다음 크게 흔들리며 급격히 기울기 시작한다.

신성로마제국 황제 선거에서 이기기 위해 남독일 대부호 푸거가에 손을 벌려야 했던 카를 5세

카를 5세는 신성로마제국의 황제 막시밀리안 1세의 손자로 태어났다. 이른바 '유럽의 지배자'의 손자로 태어난 그는 젊은 나이에 스페인 국왕으로 즉위했다. 1516년의 일이었다. 참고로, 카를 5세는 신성로마제국 황제로서의 즉위명이다.

카를 5세는 신성로마제국 황제가 된 후 유럽의 각지를 열정적으로 순회하며 스페인 국왕직도 겸임했다(스페인 국왕으로 지칭

할 때는 '펠리페 1세'로 불러야 하지만 복잡해서 자칫 혼동하기 쉬우니 이 책에서는 '카를 5세'로 통일하겠다).

카를 5세는 혈통으로 따지면 경주마 순종 혈통인 유럽의 서러브레드처럼 순수 혈통이다. 그의 아버지 펠리페는 원인을 알 수 없는 병에 걸려 젊은 나이에 죽었다. 그는 황제 계승 가능성이 높았으나 할아버지 막시밀리안 1세로부터 신성로마제국 황제의 지위를 확실히 승계받기 위해서는 선거에서 이겨야만 했다. 그러나 아직 스무 살이 채 안 된 젊은 나이였던 그에게는 확실한 후원자가 되어 줄 인맥이 많지 않았다. 이것이 그가 열아홉 살이 된 1519년 무렵의 상황이었다.

16세기 초반 당시만 해도 신성로마제국 황제는 유럽의 실질적인 지배자라고 해도 지나치지 않았다. 쉽게 말해 '신성로마제국 황제'라는 타이틀은 모든 국왕의 위에 서는 존재로서 일종의 '명예직' 같은 느낌도 있었다. 요즘 세계사 교과서를 보면 합스부르크가의 주인이 신성로마제국 황제 자리까지 세습했다고 가르치는 것으로 보이는데, 이는 조금 깐깐하게 말하자면 적확한 지식은 아니다. 왜냐하면 세습이 거의 확실해진 것은 카를 5세 이후의 일이기 때문이다.

아무튼 황제 선거에서 이기기 위해서는 막대한 자금이 필요했다. 카를 5세가 선거에서 이기려면 자신이 보유한 재산만으로는 부족했다. 고민 끝에 그는 남독일의 대부호 푸거가에 부탁해 융자를 받았고, 그 돈을 황제 선거권을 가진 유력 선제후들에게 뿌림으로써 간신히 선거에서 승리할 수 있었다.

푸거가의 새로운 당주 안톤 푸거는
왜 카를 5세를 찾아가 시나몬을 착화제로 삼아
차용증 다발을 몽땅 불태웠을까?

카를 5세가 선거에서 사용한 비용은 85만 굴덴(오늘날의 가치로 환산하면 4,300억 원에 달함) 정도였다. 그 가운데 54만 굴덴 이상의 막대한 자금을 푸거가가 대신 떠맡았다.

당시 푸거가의 당주인 야코프 2세(Jakob II. Fugger, 1459~1525)는 대대로 이어져온 가업인 금융업을 계속하면서 신대륙 무역을 통해 향신료를 수입하는 비즈니스로 막대한 부를 축적했다. 푸거가는 여기서 한발 더 나아가 당대 유럽의 가장 막강한 가문인 합스부르크가에 엄청난 금액을 융자해주고 이자를 받는 새로운 사업을 시작했다.

위에서 언급한 대로, 카를 5세는 신성로마제국 황제가 된 후에도 스페인 국왕을 겸했기 때문에 '스페인 국왕으로서 벌어들이는 수입으로 빚을 변제하겠다'라고 푸거가와 약속했다. 그러나 그 약속은 좀처럼 이행되지 않았고 언제부턴가 빚 변제도 멈추어버렸다.

이에 화가 난 야코프 2세는 카를 5세에게 편지를 보냈다. 편지 내용은 이랬다.

"폐하께서 저(의 원조) 없이 황제 자리에 오르실 수 없었음은 명백한 사실인데…… 만약 제가 폐하를 단념하고 프랑스와 함께했다면 저에게 제시된 드넓은 영지와 막대한 돈을 손에 넣을 수 있었을 것입니다."

아무리 채권자라고 해도 이런 식의 협박성 편지를 '유럽의 주인'으로 불리는 신성로마제국 황제에게 보낸 야코프 2세의 무례함에 합스부르크가의 신하로 있던 귀족들은 격노했다.

1525년 야코프 2세가 사망하고 그의 조카인 안톤 푸거(Anton Fugger, 1493~1560)가 새로운 당주가 되었다. 그는 카를 5세에게 빌려준 돈 문제를 해결하기 위해 한 가지 계책을 냈고 실행에 옮겼다. 푸거는 카를 5세를 찾아가 차용증 다발을 난로에 던져 넣고 당시만 해도 엄청난 고액에 팔리는 시나몬을 착화제로 사용하면서 몽땅 태워버렸다. 시나몬은 카를 5세가 특히 좋아하는 최고급 향신료였다.

당시 푸거가는 카를 5세가 빌린 거액의 대출금을 장부에서 지워버린다 한들 전혀 흔들리지 않을 정도로 엄청난 재력을 자랑하고 있었다. 그러므로 그가 시나몬을 사용해 '차용증을 불태운 의식'은 마치 은혜를 베푸는 행위인 것처럼 보이지만 사실은 '당신은 푸거가의 손아귀에 있으며 푸거가의 지배에서 절대로 벗어날 수 없다'라고 위협하는 것이나 다름없었다. 게다가 향기는 인간의 기억에 깊이, 그리고 오래 남는다. 식사 시

냄새가 참 좋쥬?

간에 풍기는 시나몬 향기를 맡을 때마다 카를 5세는 푸거가의 은혜와 경고가 자동으로 떠오르고 뇌리에 깊이 각인되는 것이다. 이런 맥락에서 볼 때 푸거가가 '그림자 황제'라고 불린 것도 충분히 이해가 된다.

고매한 이상과 냉혹한 현실 사이에서 헤매며
국가를 파산 위기로 몰고 간 카를 5세,
마침내 퇴위 후 은둔 생활에 들어가다

어떤 의미에서 안톤 푸거는 그의 삼촌이자 푸거가의 당주였던 야코프 2세나 다른 선조보다 훨씬 노골적이고 위협적이었다. 그는 카를 5세가 빚을 갚지 않자 그의 수입원을 푸거가에서 직접 관리함으로써 확실히 받아내려는 구체적인 계획을 실행에 옮겼다. 그에 따라 카를 5세는 비록 눈앞의 대출 장부는 사라졌지만 대신 수도원에서 나오는 그의 수입 대부분을 차지하는 토지세가 푸거가에 직접 흘러가도록 조치해줄 수밖에 없었다.

그런 상황에서도 카를 5세는 이상적인 황제로서 역사에 이름을 남기겠다는 야망을 버릴 수 없었다. 그의 야망은 신성로마제국 황제로서 전 유럽을 지배하고 가톨릭의 진리와 질서를 확고히 자리매김하게 하겠다는 원대한 야망이었다. 실제로 이

교도인 오스만 투르크 세력을 유럽에서 쫓아내는 데 성공한 이후 카를 5세는 '가톨릭 신앙의 수호자'로 칭송받고 있었다.

그러나 현실은 언제나 냉혹한 법. 이 '아름다운 이름' 뒤에서 카를 5세 시대에 스페인 왕실 수입의 평균 65퍼센트가 각지의 은행가에게 제공되는 국채로 날아가버렸다. 그 탓에 대출 변제조차 할 수 없고 채무지불정지(국가 파산) 상태에 놓이는 사태가 카를 5세 재위 동안에만 다섯 번이나 있었다. '아름다운 이름', 고매한 이상의 실현과 맞바꾸기 위해 카를 5세는 자신이 다스리는 국가를 몇 번이나 파산시킨 셈이었다. 급기야 카를 5세는 세상의 모든 일에 지쳐버린 듯 퇴위하고 수도원에 들어가 은둔 생활을 시작한다. 모두 타버려 재가 된 장작처럼 그는 열정과 에너지를 소진한 채 그로부터 2년 뒤 세상을 떴다.

당대 유럽 최고의 두 가문,
합스부르크가와 푸거가를 몰락으로 이끈
펠리페 2세의 네덜란드 상인들에 대한 종교 탄압

카를 5세의 뒤를 이은 이는 그의 아들 펠리페 2세(Felipe II, 재위 1556~1598)였다. 참고로, 그 역시 합스부르크가 사람답게 꽤 큰 턱을 가졌다.

스페인 국왕의 자리에 오른 펠리페 2세는 향후 5년분의 왕실 수입이 대출 변제 명목으로 남독일의 푸거가와 각지의 은행가에게 양도되도록 약속돼 있음을 알게 된다. 더욱 암담하게도 펠리페 2세는 턱만 클 뿐 군주로서의 능력 면에서 신통치 못했다.

아버지 카를 5세와 마찬가지로 '가톨릭 신상의 수호자'로 불리고 싶었던 펠리페 2세는 프로테스탄트가 많은 네덜란드 북부의 상인들에게 가톨릭으로 개종하라고 압박했다. 그러자 1568년 이후 네덜란드 북부에서 독립운동이 거세게 일어나더니 오랜 시간이 지난 1648년 마침내 베스트팔렌 조약(Peace of Westphalia)의 체결로 네덜란드의 독립이 승인되었다.

네덜란드로부터 받던 세금이 사라졌다는 것은 스페인 왕실을 지탱해주는 거대한 수입원을 상실했다는 것을 의미한다. 이런 상황에서 스페인 왕실은 푸거가 등에게 빌린 돈을 갚고 싶어도 갚을 수 없는 상태가 되어갔다.

말하자면 스페인 왕실이 완전히 파산의 길을 걷게 된 셈인데, 그 여파는 당연하게도 변제 능력을 확인해보지 않고 지나치게 많은 금액을 융자해준 푸거가에도 미칠 수밖에 없었다. 오랫동안 유럽 최강의 재력가로 이름을 떨쳤던 푸거가 역시 펠리페 2세의 스페인 왕실과 함께 몰락의 길을 걸었고 17세기 중반 이후에는 역사의 무대에서 영원히 사라졌다.

episode

23

영국 – 프랑스 백년전쟁의 불씨가 된 여인, 알리에노르 다키텐 왕비 이야기

영국과 프랑스 두 나라에서 대관식을 치른 유일한 왕비, 알리에노르 다키텐

영국과 프랑스 양국에서 대관식을 치른 왕비는 역사상 단 한 명뿐이다. 그의 이름은 알리에노르 다키텐(Aliénor d'Aquitaine, c. 1122~1204). '12세기를 통틀어 가장 막강한 권력을 가진 여자'로 불리는 인물이다. 그는 또한 자신의 손자들이 유럽 여러 나라의 군주나 왕비가 되었으므로 '유럽의 할머니'라는 별명으로도 불린다.

다키텐은 1122년(학자들 중에는 1124년으로 주장하는 이도 있다)에 태어나 1204년 여든셋의 나이로 사망하기까지 긴 생애를 통해 풍부한 교양과 뛰어난 미모, 능수능란한 정치적 수완을 보여주었다.

다키텐의 아버지 아키텐 공작은 프랑스에서 가장 막강한 권력을 거머쥔 귀족의 한 명이었다. 아키텐 공작에게는 아들이 없었기에 다키텐은 자그마치 프랑스의 1/4을 차지하는 광대한 영토를 물려받았다.

아키텐 공작 집안의 위세를 등에 업으며 기대를 한 몸에 받은 다키텐은 열다섯 살의 나이에 두 살 연하의 프랑스 왕세자 루이의 프러포즈를 받아들인다. 그리고 얼마 후 두 사람은 결혼식을 올렸는데, 이는 1137년 7월 25일의 일이었다. 그리고 그로부터 일주일 후 왕세자 루이는 프랑스 국왕 루이 7세(Louis VII, 재위 1137~1180)가 되었다. 그에 따라 다키텐은 열다섯 살의 젊은 왕비, 다시 말해 프랑스에서 가장 신분이 높은 여성이 되었다.

"국왕과 결혼했는데 알고 보니 그는 성직자였다"

다키텐은 신혼 생활에 만족할 수 없었다. 루이 7세는 돌아가신 아버지가 조언해준 대로 다키텐이 소유한 막대한 재산을 보고 결혼한 것에 지나지 않았다. 애정 없는 남편에게 다른 애인이 있었다면 차라리 나았을까? 다키텐의 라이벌은 '다른 여자'가 아니라 '신'이었다. 루이 7세는 독실한 기독교 신자로 순결 욕망이 지나치게 강한 인물이었다. 언젠가 다키텐은 "국왕과 결혼했는데 알고 보니 그는 성직자였다"라고 투덜거렸다고 한다.

다키텐은 여러 방향으로 방법을 찾다가 당시 기독교계에서 존경받고 강력한 권위를 가진 성 베르나르(Bernard de Clairvaux)에게 조언을 구하기로 한다. 1144년의 일이다. 다키텐의 부탁을 받은 성 베르나르는 루이 7세에게 '아내와 한 침대에 들어가는 것은 불결한 일도 죄도 아니며 지극히 자연스러운 일이다'라는 취지로 조언해주었고 그 효과는 분명하게 나타났다. 그 후 1년여 시간이 지나 루이 7세와 다키텐 사이에 딸 마리가 태어났기 때문이다. 하지만 그때까지 프랑스 왕국에는 여왕이 존재한 전례가 없었으므로 다키텐은 아들을 낳고 싶었다. 그는 또다시 아이를 낳기 위해 최선의 노력을 기울였다.

아이를 낳기 위해서였다고 해야 할까? 매우 이례적이게도 국왕 부부는 제2차 십자군 원정에 함께 참여하기로 했다. 루이 7세는 성지 예루살렘을 이슬람교도에게서 탈환하는 것이 목적이었으나 다키텐은 마치 허니문을 떠나는 기분으로 서로 동상이몽의 꿈을 꾸었다.

아무튼 다키텐은 장소와 기분을 바꾸면 남편도 마음이 바뀔 것이라고 믿었던 모양이다. 다키텐은 캐노피가 붙은 최고급 침대와 각종 보석, 화려한 드레스까지 원정길에 동원했기에 그와 그 어마어마한 양의 짐을 호위하기 위한 용도로만 한 개의 사단병력이 구성될 정도였다.

십자군 원정 중 벌어진 '불륜 사건'이 빌미가 되어 루이 7세에게 이혼당하다

그러나 세상에 뜻대로 되는 일이 좀처럼 없는 게 우리 인생 아닌가. 이 점에 있어서는 모든 권력과 명예, 부를 손에 거머쥔 왕과 왕비조차 예외는 아닌가 보다. 십자군 원정에 참여한 뒤 2년여 기간 동안 다키텐과 루이 7세 부부 사이는 결정적으로 멀어져버렸다. 추측하건대, 답답한 왕궁을 떠나 중동의 낮에 내리쬐는 강렬한 태양과 밤에 쏟아지는 은은한 달빛을 받으며 로맨틱한 기분에 빠진 스물다섯 살 알리에노르 다키텐은 '세상에는 남편 말고도 남자가 많다'라는 사실을 깨달았던 게 아닌가 싶다.

언제부턴가 알리에노르 다키텐은 자신의 숙부 레몽 드 푸아티에(Raymond de Poitiers, 1099~1149)와 '이상한 친밀감'을 느끼기 시작한 것으로 보인다. 역사가 기욤 드 티르가 남긴 기록에 따르면, 푸아티에는 다키텐보다 스물세 살 연상으로 적지 않은 나이였으나 키가 크고 체격도 좋은 데다 상당히 아름다운 용모의 소유자였다.

두 사람의 심상치 않은 관계를 눈치 챈 루이 7세는 질투 끝에 푸아티에에게 전쟁터에서 위험한 임무를 맡긴 뒤 다키텐을 감금해버렸다.

얼마 후 두 사람은 각자 다른 배를 타고 프랑스로 돌아왔다. 그때 다키텐은 임신 중이었는데 1150년에 태어난 아이도 딸이었다.

그로부터 얼마 지나지 않아 알리에노르 다키텐은 프랑스 국왕 루이 7세와 이혼했다. 기독교적 윤리가 모든 것을 지배하던 중세시대에 이혼은 결코 쉽지 않은 선택이었으나 용케도 두 사람은 교황 에우제니오 3세(Pope Eugenius III, 재위 1145~1153)에게 이혼 승인을 얻을 수 있었다. 교황청은 '루이 7세와 알리에노르 다키텐의 결혼은 먼 혈연관계가 있는 근친혼이므로 애당초 성립될 수 없다'라는 이유로 이혼을 승인했다.

두 사람 사이에 태어난 왕녀의 친권은 루이 7세에게 넘어갔으나 다키텐은 결혼 지참금 전액을 돌려받을 수 있었다. 그에 따라 결혼식과 함께 프랑스 왕국에 합병되는 형태로 빼앗긴 셈이던 그의 영지도 모두 반환되었고 재혼할 수 있는 권리도 얻게 되었다.

영국과 프랑스의 오랜 분쟁과 '백년전쟁'의 불씨가 된 다키텐과 헨리 2세의 결혼

1152년 알리에노르 다키텐은 열한 살 연하의 영국 왕세자 헨리(훗날의 국왕 헨리 2세(Henry II, 재위 1154~1189))와 또다시 결혼식을 올렸다. 이는 그가 프랑스의 루이 7세 국왕과 이혼한 지 불과 2개월 후의 일이었다. 다키텐은 왜 이토록 서둘러 재혼했을까? 아마도 전 남편 루이 7세에게 한 방 '먹이고' 싶었던 게 아닐까. 그런 심리에서 나온 결정이 아니라면 여러 정황상 이해되지 않는 구석이 많은 게 사실이다.

사이좋게
지내야지
아가들~

영국 왕자 헨리와 혼인한 뒤 다키텐은 그와의 사이에서 태어난 여러 명의 왕자에게 프랑스에 있는 자신의 광대한 영토를 상속했다.

흥미롭게도 훗날 영국과 프랑스 양국이 무려 '1세기'라는 긴 세월에 걸쳐 영토를 둘러싼 '백년전쟁'을 벌이게 되는데, 그 발단이 모두 알리에노르 다키텐의 이혼 및 재혼과 관련된 영토 상속이 빌미가 된 것이었다. 그러고 보면 결국 알리에노르 다키텐은 그야말로 역사를 움직인 중요한 결혼과 이혼을 한 여자인 셈이다.

그건 그렇다 치고, 영국의 왕비가 된 알리에노르 다키텐의 하루하루는 온통 잿빛 투성이였다. 헨리는 아직 젊었고 전 남편 루이 7세처럼 허약하지도 않았다. 그러나 그는 성격이 모난데다 무척 권위적인 사람이었다. 1154년 국왕 헨리 2세가 된 그는 이후 더욱더 권위적이 되어 아내 다키텐을 항상 감시하며 괴롭혔다.

결혼 후 20여 년간은 임신과 출산, 육아 문제로 정신없었다. 육아 문제가 어느 정도 해결되자 그나마 감춰져 있던 부부 문제가 본격적으로 수면 위로 올라왔다. 1160년 무렵 로저먼드 클리퍼드(Rosamund Clifford)라는 이름의 젊은 애인에게 노골적으로 애정 공세를 퍼붓고 특별 대우하는 남편에게 신물이 난 다키텐은 영국을 떠나 친정이자 고국인 프랑스로 돌아가 자신의 영지인 아키텐 공작령에서 별거 생활에 들어갔다.

아버지 헨리 2세를 향한 왕자들의 연이은 반란의 배후에는 항상 다키텐의 그림자가?

알리에노르 다키텐은 결코 만만하게 볼 여자가 아니었다. 사실 '우아한 별거 생활'은 다키텐의 진짜 야망을 숨기려는 행위이자 오랜 고뇌 끝에 한 선택이었다. 그는 어머니인 자신과 훨씬 친밀한 왕자들의 마음을 움직여 그들의 아버지 헨리 2세를 증오하게 만들고 모반을 일으키도록 부추겼다.

1173년 다키텐은 자신이 가장 사랑하는 헨리 왕자(Henry the Young King)를 부추겨 아버지를 향한 반란을 일으키게 했으나 결국 실패로 돌아갔다. 그리고 그에 대한 벌로 다키텐은 15년 동안 유폐 생활을 하게 된다. 헨리 왕자는 이듬해에 아버지 헨리 2세와 화해하지만 갑자기 고열을 일으키는 알 수 없는 병으로 사망한다. 1183년의 일이다.

그러나 시간은 헨리 2세보다는 왕자들과 다키텐의 편이었다. 헨리 2세는 하루하루 늙어가는 데 반해 왕자들은 점점 성장했기 때문이다. 그런 까닭에 그 '시간'이 다키텐의 편이 되어주어 왕실 내의 세력 관계가 다시 역전할 수 있는 계기가 만들어졌다.

다키텐이 눈여겨보던 셋째 아들 리처드와 그의 동생들이 1188년 또다시 아버지 헨리 2세에게 반기를 들었다. 연이은 아들들의 반란에 내몰리고 실의에 빠져 가뜩이나 심각한 상태였던 병이 악화할 대로 악화한 헨리 2세는 1189년 세상을 떴다. 그에 따라 오랜 시간 동안 유폐되어 있던 다키텐은 비로소 해방을 맞고 자유의 몸이 되었다.

그 후 다키텐은 영국 왕실 내부의 모든 일에 정력적으로 개입했고 여든두 살이라는, 당시로서는 경이로울 정도로 긴 수명을 누리다가 세상을 떠났다.

르네상스 이전의 중세 유럽을 놓고 사람들은 곧잘 '암흑시대' 등의 부정적 용어로 표현하곤 하지만 우리가 숨 쉬며 살아가는 현대 못지않게 자유분방한 사람들이 씩씩하게 살고 있었다.

episode

24

소련의 독재자
스탈린의 죽음을 둘러싼
풀리지 않는 의혹과 진실

가난한 구두공 집 출신의 성실한 신학생 스탈린은 어쩌다 열렬한 공산주의 신봉자가 되었나?

"한 인간의 죽음은 비극이지만 수백만 명 인간의 죽음은 통계상 숫자에 지나지 않는다."

이는 자국 소련인의 목숨을 2,000만 명 이상이나 무자비하게 빼앗은 이오시프 스탈린(Iosif Vissarionovich Stalin, 1878~1953)이 남긴 명언(혹은 망언)이다. 정확한 출전은 알 수 없지만 스탈린의 삶과 죽음에 관한 관념, 그리고 무소불위의 권력을 휘둘렀던 정치가로서 추구했던 정책이 이 말에 오롯이 담겨 있는 것으로 보인다.

러시아 제정 시대 말엽인 1879년 당시만 해도 그루지야(오늘날 조지아)의 가난한 구두공 가정에서 태어난 스탈린은 성실한 신학생이었다. 그러한 그가 종교를 원천적으로 거부하는 공산주의 사상에 물든 것은 어쩌면 그야말로 운명의 장난과도 같은 일이었다. 도서관에서 금서로 여겨지던 카를 마르크스(Karl Marx, 1818~1883)의 공산주의 관련 저서를 탐독하게 되면서 그의 사상과 신념, 그리고 생활 태도까지 모든 게 송두리째 변해버렸기 때문이다. 이후 스탈린은 혁명 운동에 몰두하면서 신학

공부도 등한시하게 된다.

전 세계를 놀라게 한 러시아 혁명으로 제정 러시아가 큰 소리로 비명을 지르며 와르르 무너졌다. 1917년의 일이었다. 그 후에도 스탈린은 공산주의자로 열심히 활동했고, 1920년대 후반에는 소련의 차세대 지도자 후보로 칭송받으며 꾸준히 두각을 나타냈다.

1922년 4월 3일, 스탈린이 당시 건강이 좋지 않아 정상적인 업무가 불가능해진 레닌에게 권력을 넘겨받아 소련의 최고 권력자인 수상직에 해당하는 소비에트 연방 공산당 서기장에 취임한 것은 그의 나이 마흔세 살의 일이었다. 바야흐로 짧았던 레닌의 시대가 가고 무려 31년간에 이르는 '스탈린 시대'가 시작된 것이었다.

2년간 39만 명의 인민을 강제수용소에 보내고, 그중 2만 1,000명을 총살하는 정책이 '국가의 복지 증진'이라는 명목으로 저질러지다

스탈린의 정책은 현실성이 없고 부실했으며, 한마디로 엉망진창이었다. 러시아 전국의 농민들은 '콜호스(kolkhoz)'라고 불리는 집단농장에 모여 살았는데, 여기서 나온 수확물을 모두 정부가 징수하도록 돼 있었다. 1929년 말엽의 상황이었다. 이곳에서는 사회주의 국가가 운영하는 집단농장답게 그야말로 사적 소유가 원천적으로 금지되었다.

소비에트 연방 정부의 대처는 매우 단호하고 폭압적이었다. 이에 반대하는 자는 가차 없이 처벌받았고, 2년여 동안 '문제를 일으킨' 39만 명의 인민이 강제수용소에 보내졌으며, 그중 2만 1,000명이 총살되었다.

'죄인을 교정하고 그 영혼을 새롭게 바꾸기 위해 날마다 죽도록 노동해야 하는' 강제수용소의 삶은 '지옥과도 같은' 콜호스보다도 훨씬 열악했다. 날마다 16시간 동안 금광 채굴이나 토목 작업 등에 동원되어 죽도록 땀 흘리며 일해야 했고 숨을 거두는 순간까지 혹독한 강제노동에서 잠시도 벗어날 수 없었다.

강제수용소에 죄인이 들어오는 것은 대개 여름이었는데 그들 대다수가 겨울을 넘기지 못하고 매년 수십만 명의 사람이 목숨을 잃었다.

"국가의 복지 증진이라는 고결한 목적을 위해 날마다 노력하지 않으면 안 된다."

"러시아의 공업화를 실현하기 위해서는 어떠한 희생도 감수해야 하며 국민은 인내하고 또 인내하는 생활을 해야 한다."

이런 식으로 스탈린은 그럴 듯하게 포장해서 말했으나 끊임없이 희생하며 인내하는 생활을 국민에게 강요한 것에 지나지 않았다.

스탈린의 갑작스러운 죽음을 둘러싸고 제기되는

풀리지 않는 의혹

그래도 자신이 온갖 잔학무도하고 인간성을 상실했다고밖에 볼 수 없을 만큼 나쁜 짓을 수없이 저질러왔다는 사실을 자각할 만한 정신이 그의 머리에 남아 있었던 걸까? 그는 '나는 쥐도 새도 모르게 누군가에게 암살당하고 말 거야!'라는 두려움과 망상에 사로잡혀 지냈다. 그런 탓에 식사 때마다 부하를 시켜 음식에 독이 있는지 미리 맛보게 함은 물론이고 자신의 주치의조차 믿지 못해 웬만큼 아프지 않으면 약도 되도록 먹지 않으려 했다.

이제껏 건강이 그렇게 나쁘지 않아 그럭저럭 버티고 있던 이오시프 스탈린에게 마침내 죽음의 사자가 찾아왔다. 1953년 3월의 일이었다. 밤새 내린 폭설의 엄청난 무게에 힘들게 버티고 버티던 나뭇가지가 뚝 부러지듯 갑자기 쓰러지며 찾아온 예기치 않은 죽음이었다. 소비에트 정부가 공식 발표한 내용은 다음과 같았다.

"모스크바 교외 별장에서 지내던 스탈린 서기장이 뇌졸중으로 쓰러졌다. 그러나 발견이 늦어져서 미처 손을 쓸 수 없었다."

스탈린의 죽음을 둘러싼 몇 명 유력자의 증언이 제멋대로 엇갈려 있어서 내 눈에는 '스탈린이 뇌졸중으로 쓰러졌는데 그가 죽기만 바라던 부하들에 의해 방치되었다'라고밖에 읽히지 않는다.

스탈린의 뒤를 이어 치열한 권력 투쟁에서 승리하여 최고 권력자가 된 니키타 흐루쇼프(Nikita Khrushchev, 1894~1971)의 증언을 대략 정리하면 다음과 같다.

"2월 28일(토) 아침까지 지속된 파티 후 기분이 좋아진 스탈린 서기장은 침실로 올라갔다. 그리고 우리는 모두 각자의 처소로 돌아갔다."

"28일 토요일 온종일, 그리고 다음 날인 3월 1일 일요일에도 스탈린 서기장의 호출은 없었다. 평상시에는 토요일이라도 그가 개인적으로 사람들을 부르곤 했는데 그날따라 이상하다고 생각했다."

"3월 1일(일) 밤이 되어 잠을 자려고 준비하고 있을 때였다. 갑자기 다른 동료들에게서 '스탈린 서기장이 쓰러졌다'는 연락을 받고 서둘러 옷을 갈아입고 그의 별장으로 달려갔다. 그러나 내가 그곳에 도착했을 때 스탈린 서기장은 이미 서거한 뒤였다."

훗날 흐루쇼프가 소련의 최고 권력자가 되면서 다른 사람의 증언은 모두 없던 것이 되어버렸다. 하지만 스탈린에 관한 본격적인 평전을 최초로 쓴 러시아 역사가 드미트리 볼코고노프(Dmitry Volkogonov, 1928~1995)는 흐루쇼프의 발언이 시간 순서조차 이상한 것으로 알리바이가 성립하지 않음을 지적한다.

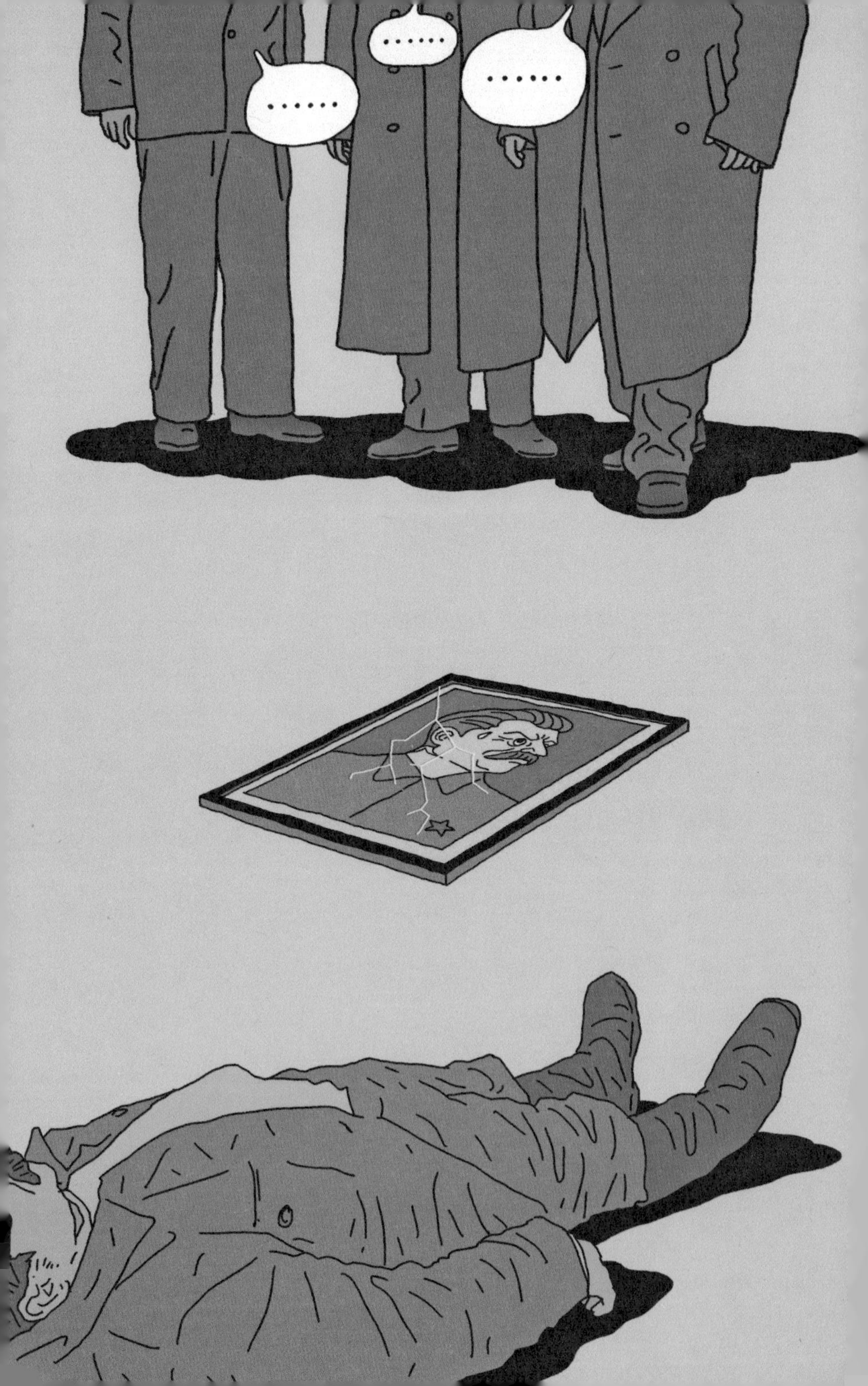

스탈린이 쓰러진 걸 알고도 12시간 가까이 방치한 인물은 누구일까?

"스탈린은 토요일인 2월 28일 낮부터 다음 날 새벽 4시까지 별장에서 엄숙한 회의를 주재했다. 이때 기분이 안 좋은 스탈린은 흐루쇼프를 비롯한 중역들에게 불같이 화를 냈다."

이는 볼코고노프가 쓴 『승리와 비극, 스탈린의 정치적 초상(Stalin: Triumph and Tragedy)』이라는 책에서 발췌한 내용이다.

흐루쇼프의 증언과 엇갈린 것은 스탈린은 기분이 좋기는커녕 화가 나서 미쳐 날뛰었음을 알 수 있다. 여기에 더해 볼코고노프는 한 가지 흥미로운 사실을 이야기한다.

"다음 날인 3월 1일 정오가 되어도 스탈린은 일어나지 않았다. 별장의 하인들은 그제야 뭔가 이상하다고 느꼈다. 그러나 하인들이 감히 스탈린에게 먼저 말을 걸거나 깨우는 일은 금지되어 있기 때문에 그저 상황을 지켜보는 수밖에 없었다. 저녁 6시 반쯤 별장의 스탈린 전용 구역인 서재에 불이 켜졌다."

"하지만 그 후에도 스탈린에게서 아무런 호출이 없었다. 이후 밤 11시경 한 하인이 단단히 마음을 먹고 방문을 열고 들어갔더니 식당에서 스탈린이 쓰러져 있는 모습이 눈에 띄었다. 스탈린은 스스로 일어나지 못한 채 왼손을 올려 도움을 요청하는 듯한 자세를 취하고 있었다."

이상의 내용을 정리하면, 누군가가 저녁 6시 반쯤 별장 내 스탈린의 전용 공간에 침입하여 전기를 켰다. 그는 스탈린이 쓰러져 있는 걸 알았지만 의도적으로 방치했다. 그날 밤 11시경 하인 중 한 명이 호되게 꾸지람 들을 것을 각오하고 스탈린을 찾아 올라갔다가 바닥에 쓰러져 있는 그를 '발견했다'라는 이야기가 된다.

의사가 진단했을 때 스탈린은 뇌졸중으로 인한 발작으로부터 이미 10~12시간이 경과했기에 손을 쓸 수 없는 상태였다.

그 후 겨우 눈을 떴다가 다시 의식을 찾기를 반복하는 스탈린 곁에는 그가 매우 신임했을 뿐 아니라 '넘버 2'라며 자주 추켜세우곤 했던 부하 라브렌티 베리야(Lavrentiy Beria, 1899~1953) 가 광기 어린 동작을 반복하고 있었다. 스탈린의 의식이 멀어졌을 때 베리야는 "나는 이 자식에게 험한 꼴을 많이 당했어!"라며 온갖 욕설을 퍼부어댔다. 그러다가 스탈린이 눈을 뜨기라도 하면 갑자기 돌변해서는 그의 손을 살짝 잡고 부드러운 눈빛으로 그를 바라보았다고 한다. 이는 스탈린의 딸이 남긴 기록을 근거로 한 상황 묘사다.

스탈린은 끝내 의식이 돌아오지 않은 채 사망했다. 1953년 3월 5일의 일이다.

스탈린이 죽은 뒤 그의 심복 부하였던 게오르기 말렌코프(Georgy Malenkov, 1901~1988)가 관료회의 의장(수상)으로 스탈린의 자리를 계승했다. 베리야는 제1부수상이 되었다. 그러나 베리야는 그해 12월 23일 '적국인 영국과 내통했다'라는 죄를 덮어

쓴 채 처벌되었고 말렌코프도 몇 년 후 실각했다.

이후 1961년 한때 스탈린에 대한 비판이 높아지자 관계 당국은 완전 방부 처치를 한 채 안치되어 있던 스탈린의 사체를 묘에서 꺼낸 다음 마치 핵이나 독극물을 폐기하기라도 하듯 묻어버렸다.

자국민을 2,000만 명이나 학살한 최악의 독재자이자 사이코패스 정치가는 그렇게 세상에서 완전히 사라졌다.

6

최고 권력자도 대문호도 파멸로 이끈 광기와 충동

episode

25

합스부르크가의 몰락을 앞당긴 루돌프 황태자와 메리의 동반 자살 사건

합스부르크가의 황태자 루돌프(Rudolf, Crown Prince of Austria, 1858~1889)가 신흥 귀족인 베트세라 남작의 딸 메리(Mary Freiin von Vetsera, 1871~1889)와 동반 자살한 뉴스가 세상을 떠들썩하게 했다. 1889년 1월 30일의 사건이다. 이때 루돌프는 서른 살, 메리는 열여덟 살이었다.

루돌프에게는 아내와 자식이 있었다. 그는 벨기에 왕실의 스테파니를 황태자비로 맞이했는데, 사건이 발생했을 때는 그로부터 9년여 시간이 지난 뒤였다. 두 사람 사이에는 비록 깊은 애정은 없어 보였으나 엘리자베트라는 이름의 여섯 살 난 딸이 있었다. 이는 루돌프의 어머니 엘리자베트 황후와 같은 이름이었다. 한창 귀여움이 폭발하는 시기의 예쁜 딸을 버려둔 채 결행한 동반 자살에는 루돌프의 어둡고 스산한 심리가 서려 있는 것만 같다.

유일한 황위 계승권자인 루돌프 황태자는 왜 끝도 없이 빗나갔을까?

1858년 8월 21일, 루돌프는 프란츠 요제프 1세(Franz Joseph I, 재

위 1848~1916) 와 엘리자베트 황후 사이에서 태어났다. 황제 부부에게 루돌프는 단 한 명의 아들로 황위를 계승할 소중한 후계자였다.

어린 시절 루돌프는 일곱 살도 되기 전 '강하게 키워야 한다'라는 황태후 조피의 의지에 따라 스파르타식 군대교육을 받으며 고통스러워했다. 그 후 어머니 엘리자베트가 선택한 자유주의자 교사들에게 '새로운 사상'을 철저히 주입받은 루돌프는 황태자의 신분이면서도 경찰에게 감시당할 정도로 '위험한 사상'의 신봉자가 되어갔다.

정치사상가였던 루돌프는 상당히 급진적이었다. 그는 국민의 노동 시간 단축, 아동 노동 금지 등에 찬성했다. 그는 사람들 사이에 노골적으로 존재하는 차이와 차별에 한탄하며 사유재산제도를 근본적으로 변혁해야 한다고 생각했다.

그러나 그의 아버지 프란츠 요제프 황제는 신중파로서 야심가인 루돌프를 현실 정치에 참여시키지 않았다. 루돌프는 자신이 아버지에게 거부당했다고 느끼면서 마음에 큰 상처를 받은 후 태생이 의심스러운 여자들이나 활동가들과 교류하게 된다.

그러던 중 루돌프는 당시 불치병으로 여긴 임질에 감염되었던 것으로 보인다. 이는 1886년 무렵의 상황이었다. 엎친 데 덮친 격으로 루돌프의 임질은 스테파니 황태자비에게도 옮겨져서 난소를 들어내야 했다. 그러므로 루돌프 부부에게는 그 전에 낳은 딸 한 명뿐이고 훗날 황위 계승권을 갖게 될 가능성이 사라졌다. 이는 결혼 후 3년 만에 벌어진 비극이었다.

모든 것에 지치고 절망한 루돌프의 마음속에서 언제부턴가 죽음의 소망이 싹터서 자라기 시작했다.

"우리는 이제 몸도 마음도 하나가 되었어!"
— 루돌프는 왜 하필 메리를 동반 자살 상대로 선택했을까?

루돌프가 동반 자살 상대가 되는 메리 폰 베트세라를 만난 때는 1888년 11월 5일이었다. 삼십 대에 접어든 데다 병에 걸려 겉늙어 보이기는 해도 여전히 잘생긴 루돌프의 관심을 끌어보려고 애쓰는 여자들은 많았고 메리도 그중 하나였다.

이 만남은 상류층을 상대로 은밀히 애인 소개업을 하는 뫼니히 백작 부인(엘리자베트 황후의 조카)이 주선했다. 신흥 귀족 여성들에게 합스부르크가의 황태자는 오늘날 최고 인기를 구가하는 '아이돌'과도 같은 존재였다.

루돌프가 왜 메리와 일대일로 하필 그 시기에 만나려고 했는지는 알 수 없다. 자신에게 푹 빠져서 제멋대로 행동하는, 아직 세상물정 모르는 어린 소녀를 왜 동반 자살 상대로 삼으려 했는지도 여전히 미궁 속이다.

황실 내 자신의 집무실로 메리를 안내한 루돌프가 잠시 자리를 비웠을 때 메리는 그의 책상 위에 권총과 해골이 놓여 있는 걸 발견했다. 메리가 해골을 손에 들고 찬찬히 살펴보는데 방에 돌아온 루돌프가 깜짝 놀라며 거칠게 빼앗았다.

귀족의 딸로서 아름다운 머리카락을 가졌다는 것 외에는 비교적 평범한 편인 소녀 메리가 루돌프에게 빠져버린 것은 운명의 장난이 아니었을까.

이듬해인 1889년 1월 13일, 루돌프와 메리는 성적인 면에서도 진정한 남녀관계가 되었다. 메리는 흥분해서 "우리는 이제 몸도 마음도 하나가 되었어!"라고 친구들에게 편지를 보냈다. 또 같은 시기에 메리는 평소 담배를 많이 피우는 루돌프를 위해 "친절한 운명에 감사하는 마음을 담아! 1월 13일"이라고 글자를 새긴 담배케이스를 선물했다.

루돌프가 동반 자살 디데이를
여동생 발레리의 약혼을 발표하는
궁정 만찬회 날로 잡은 까닭은?

루돌프와 메리의 관계는 종종 '세기말 비극적 사랑'으로 미화되기도 하지만, 적어도 루돌프는 메리를 불놀이 상대 정도로밖에 생각하지 않았던 것으로 보인다.

야심한 밤에 집을 조용히 빠져나온 메리가 황실 뒷문으로 루돌프의 방에 몰래 들어가는 모습이 자주 목격되었다. 하지만 루돌프는 주위의 질이 안 좋은 친구들에게 "메리가 모피 코트 속에 (속옷에 해당하는) 나이트가운만 입은 채 왔더라고……"라며 두 사람 사이의 은밀한 비밀을 폭로하며 즐기곤 했다고 한다.

한편 메리는 가련하게도 "불행한 황태자를 진심으로 위로해 주는 것이 나의 의무"라고 진지하게 말하며 주변에서 아무리 교제를 반대하고 뜯어 말려도 들으려 하지 않았다.

얼마 후 메리의 어머니인 남작 부인도 딸이 유부남인 루돌프 황태자와 사랑의 불장난을 하고 있다는 사실을 알게 된다. 그러나 그는 딸의 장래를 지나치게 걱정한 나머지 오히려 현명하게 대처하지 못했다. 남작 부인은 자신의 동생 알렉산더 발타치(Alexander Baltazzi)를 불러들여 메리와 결혼하라고 요구한 것이었다. 이는 삼촌과 조카의 결혼이지만 당시에는 흔히 있을 수 있는 대수롭지 않은 일로 받아들여졌다.

많은 근심으로 초췌해진 메리는 루돌프와 헤어져야만 하는 자신의 처지를 한탄했다. 이 소식을 들은 루돌프는 자신이 사랑하지도 않는 이 소녀와의 동반 자살을 계획하게 된다. 마침 1월 29일에는 루돌프의 여동생 발레리의 약혼 발표와 이것을 축하하는 궁정 만찬회가 예정되어 있었다. 어쩌면 루돌프는 자신이 증오하는 부모에게 복수하는 데 이날보다 더 적합한 날은 다시 오기 어렵다고 판단하지 않았을까.

총과 해골을 자신의 집무실 책상 위에 올려놓은 루돌프에게는 비루하고 거추장스러운 삶의 모든 것을 한순간 무(無)로 돌려놓는 죽음은 막연한 동경의 대상이었을지도 모를 일이다. 그 죽음으로 다가가는 구체적인 길이 그의 앞에 돌연 나타나버린 셈이었다.

자신이 진정으로 사랑한 여자는 저세상으로 데려가지 않는다?

1월 28일 아침, 메리가 갑자기 사라졌다. 그날 그는 빈을 떠날 예정이었다. 루돌프에게 메리를 소개해준 뫼니히 백작 부인이 메리의 집에 나타나서는 "물건을 사러 가는데 같이 가자"라며 그를 데리고 나갔다.

뫼니히 백작 부인이 가게에 있을 때 마차에서 기다리고 있어야 할 메리는 사라지고 대신 그곳에 편지가 놓여 있었다.

"더는 이렇게 살 수 없습니다. 당신이 나를 뒤쫓아 왔을 때는 이미 늦은 뒤일 것이고 저는 도나우강 바닥에서 잠들어 있을 것입니다."

메리의 방에도 같은 편지가 놓여 있었다. 가엾은 메리는 자신이 이용당하고 있다는 사실도 모른 채 편지에서 어머니에게 "사랑에는 절대로 이길 수 없어요"라고 선언하듯 말했다.

루돌프의 방에 남겨진 백작 부인의 편지에 따르면, 모든 것은 루돌프가 세운 계획으로 뫼니히 백작 부인이 협조했음을 알 수 있다.

한편 루돌프는 28일 새벽 3시까지는 자신이 가장 사랑하는 미치 카스파어(Mizzi Kaspar)와 보내고, 그와 헤어질 때 이마에 성호를 긋는 모습이 목격되었다. 그 장면을 목격한 사람은 루돌프에게 붙어 있던 경찰첩보부원 중 한 명이었다.

미치야말로 루돌프가 오래 전부터 거액의 돈과 애정을 쏟아붓는 특별한 대상이었다. 그는 아역 배우 출신의 고급 매춘부로 어른이 되어서는 가수와 여배우로 자신을 내세웠으나 실제로 무대에 선 기록은 남아 있지 않다.

한편 약속했던 오후 1시를 조금 지났을 때 루돌프는 메리와 만나기로 한 빈 근교의 레스토랑에 나타났다. 그는 첩보원의 눈을 속이기 위해 자살 직전 미치와 또다시 만나기라도 한 것일까? 아무튼 그의 얼굴은 평상시답지 않게 무척 상기되어 있었다.

'자신이 진정으로 사랑하는 여자는 저세상으로 데려가지 않는다.' 이것이 루돌프의 선택이었다.

루돌프가 쏜 총에 관자놀이를 맞고 사망한 메리

마차에 메리를 태운 루돌프는 설산을 넘어 마이얼링에 있는 별장으로 향했다. 통상 겨울에는 빈에서 마이얼링까지 마차로

3시간 남짓 걸린다. 그들이 그곳에 도착한 때는 1월 28일 저녁 무렵이었다.

두 사람은 1월 29일 새벽에 죽을 작정이었다. 그런데 루돌프는 무슨 생각에서인지 갑자기 전보를 쳐서 친구 두 명, 호요스(Joseph Graf Hoyos) 백작과 황태자비 스테파니의 형부 코부르크 공작(Prinz Phillip von Coburg)을 불러들였다. 그들은 29일 이른 아침 별장에 도착했지만 메리가 그곳에 있는 줄은 꿈에도 알지 못했다. 별장이라고는 해도 상당히 넓은 부지였기 때문이다.

1월 29일, 루돌프는 함께 사냥하자며 부른 친구들에게 "난 감기에 걸려서 못 갈 것 같아. 그러니 너희끼리 가서 즐기고 와"라고 말했다. 이후 그는 저녁 6시로 예정돼 있던 동생 발레리의 약혼 발표를 축하하는 궁정 만찬회 참석을 취소하는 전보를 보냈다. 그것도 축하연이 시작하기 한 시간도 채 남지 않은 시점이었다. 이는 아버지를 향한 복수였다.

두 친구 중에서 코부르크 공작만 궁정 만찬회를 위해 빈으로 돌아갔다. 이튿날 아침 별장으로 다시 돌아올 테니 같이 사냥하자는 약속을 남기고서였다. 호요스 백작과 루돌프는 함께 저녁을 먹고 일찍 방으로 올라갔다.

이때 루돌프는 로셰크라는 이름의 하인에게 "지금부터 내 방에 누구도 들여서는 안 된다. 심지어 황제 폐하라 할지라도!"라고 엄명을 내렸다. 로셰크는 루돌프가 애인 메리와 함께 있는 걸 알고 있었기에 '마음껏 즐기려나 보다' 생각하고 조용히 자리를 떴다. 그러나 두 사람은 서로 끌어안는 일도 없이 그저 유서 쓰는 일에 몰두하며 밤을 보냈다. 다음 날 아침, 심지어 침대를 사용한 흔적조차 없었다.

루돌프의 진심을 의심하지 않은 메리에게는 어쩌면 그때가 행복의 절정이었을지도 모를 일이다. 하지만 그가 실제로 무슨 생각을 했는지는 알 수 없다. 자정이 지나서 메리는 루돌프가 쏜 총에 관자놀이를 맞아 사망했음이 검시관의 손에 의해 판명되었다.

비참하게 죽은 메리의 얼굴에 미소가 감돌았다는 게 사실일까?

1월 30일 아침 6시경, 방문 앞에서 말을 걸까 망설이던 로셰크 앞에 잠옷 차림의 루돌프가 다가와 "다시 잘 거니까 7시 반에 정확히 깨워주게"라고 말했다.

아침 식사 준비는 물론이고 "오늘은 꼭 친구들과 사냥하러 갈 거니까 마부들을 불러놓고"라고 말하고는 휘파람을 불며 자기 방으로 돌아갔다고 한다. 자신이 죽인 메리의 시신과 하룻밤을 보내고 이제부터 자신도 죽으려는 사람이 취할 수 있는 행동으로는 도저히 보기 어려운 이상한 태도였다.

7시 반이 되자 로셰크는 방을 노크했으나 아무 소리도 들리지 않았다. 8시, 빈에서 코부르크 공작이 돌아와 있었는데 그때도 루돌프의 방은 쥐죽은 듯 조용했다. 그때 로셰크가 '사실 베트세라 남작의 따님과 루돌프가 방에 같이 있다'고 보고하자 두 사람은 뭔가 예기치 못한 일이 생겼음을 짐작하고 잠긴 문에 붙어 있는 널빤지를 뜯어내고 방으로 들어갔다.

루돌프와 메리는 피투성이가 된 채 침대 위에 쓰러져 있었다. 루돌프의 머리의 절반은 날아가버렸고 온 방이 그의 피와 뇌 조각으로 더럽혀져 있었다. 메리의 얼굴에는 미소를 지은 것 같은 기묘한 표정이 남아 있었다. 루돌프에 의해 총살되었음에도 그는 사랑하는 사람과 함께 저 세상으로 멋진 여행이라도 떠나는 듯 기쁨으로 충만한 상태에서 죽은 듯했다.

왠지 모르지만 메리의 상반신은 알몸이었는데 루돌프는 그의 풍성한 머리카락으로 신체를 덮어놓았다. 메리의 양손은 가슴에 모아져 있었고 손에 장미 한 송이가 꽂혀 있었다. 적어도 루돌프의 마음 한구석에 자신의 자살 계획에 휘말려버린 순진무구하기 짝이 없는 어린 메리를 향한 애잔한 마음이 자리하고 있었음을 짐작케 하는 대목이다.

아침 무렵 하인에게 '다시 잠들 것'이라고 말한 뒤 콧노래를 부르며 자기 방으로 올라간 루돌프는 손거울을 보면서 관자놀이에 총을 대고 그대로 방아쇠를 당긴 것으로 보인다. 침대의 사이드테이블에는 총을 쏠 때의 충격으로 파손됐을 것으로 보이는, 일부가 깨진 손거울이 뒹굴고 있었다.

두 사람의 죽음을 둘러싼
몇 가지 풀리지 않는 의문

몇 가지 의문이 남는다. 첫째, 루돌프는 왜 바로 뒤를 따르지 않고 자신이 죽인 소녀의 피투성이 사체와 함께 지냈을까? 둘째, 적어도 두 발의 총성이 울렸을 텐데 별장에 있던 하인 로셰크나 호요스 백작은 왜 아무 소리도 듣지 못하고 아무것도 눈치 채지 못했을까? 아무리 별장이 넓다고 해도 여전히 의문이 남는다.

'아침 6시 무렵, 갑자기 두 발의 총성이 들려서 로셰크가 뭔가 심상치 않은 일이 일어났음을 깨닫고 문을 부수고 들어갔다'라는 설도 전해진다. 이 주장은 과연 신빙성이 있을까? 그렇다고 보기 어렵다. 이 또한 앞뒤가 맞지 않는 주장에 지나지 않는다고 나는 생각한다. 왜냐하면 이는 별장에 있던 사람들의 증언과 모순될 뿐 아니라 무엇보다 '메리와 루돌프의 사망 시간이 6시간 정도 차이가 난다'라는 검시관의 검사 결과와도 모순되기 때문이다. 메리를 쏜 총탄이 그 방 어디에서도 발견되지 않았다는 점도 기묘하다.

이렇듯 두 사람의 죽음에는 앞뒤가 맞지 않거나 자연스럽지 못한 점이 많았다. 그런 까닭에 당시에는 끊임없이 암살설이 나돌았으나 밝혀지지 않았고 지금도 여전히 검증이 불가능한 문제로 남아 있다.

영원할 것 같았던 합스부르크가의 몰락을 앞당긴 희대의 사건

로셰크 뒤를 따라 방에 들어가 눈앞에 펼쳐진 처참한 광경을 목도하고 큰 충격을 받으며 털썩 주저앉고 만 코부르크 공작 대신 호요스 백작이 홀로 빈으로 돌아갔다. 루돌프의 엽기적인 자살로 코부르크 공작이 받은 충격은 그만큼 컸다고 할 수 있다.

왕궁에서 호요스 백작은 엘리자베트 황후와 만났다. 기독교 신자들은 자살을 가장 큰 죄로 받아들이기에 황후에게는 '루돌프가 젊은 여자에 의해 독살당했다'라고 전했다. 그러나 이는 오히려 '잔혹한' 배려였다.

엘리자베트 황후는 "안 돼(Nein)"라는 말을 비명처럼 반복하며 굵은 눈물방울을 뚝뚝 흘렸다. 프란츠 황제가 들어온 것은 바로 그때였다. 두 사람은 짧은 대화를 주고받았는데 그 내용은 기록으로 남아 있지 않다. 황제 일가 중에서 루돌프의 죽음을 가장 마지막에 전달받은 이는 그의 아내 스테파니였다. 황실 내에서 그의 위치가 얼마나 낮고 보잘 것 없는가를 상징적으로 보여주는 장면이다.

마침 집에 돌아오지 않는 딸을 걱정하고 있던 메리의 어머니인 남작 부인이 엘리자베트 황후에게 알현을 청했다. 만나자마자 '루돌프가 자신의 딸을 어디론가 데리고 갔다'라고 주장하는 남작 부인에게 황후는 싸늘한 표정으로 "당신의 딸은 죽었습니다!"라고 말했다. 그리고 그는 이렇게 덧붙였다. "나의 루돌프도요!"

이때까지만 해도 황제 부부는 아들이 자살한 게 아니라 메리에게 독살당했다고 믿었고 소중한 아들을 죽인 발칙한 젊은 여자를 향해 증오를 쏟아붓는 것으로 겨우 정신 줄을 붙잡고 있는 듯 보였다. 그러나 우리가 잘 알고 있듯이 실제로는 자살일 뿐 아니라 심지어 루돌프가 총으로 메리를 죽이고 자신도 죽은 것이었다.

마이얼링에 검시를 위해 파견한 의사들이 30일에 왕궁으로 돌아왔다. 그제야 아들의 죽음의 진실을 알게 된 황제 부부의 충격은 맨 처음 아들이 죽었다는 사실을 알게 되었을 때보다 훨씬 심했다.

1889년 2월 1일, 큰 비가 내렸다. 사실은 루돌프의 피해자임에도 오히려 그를 죽인 살인자처럼 취급받으며 함부로 다루어진 메리의 시신이 비로 인해 예정보다 하루 늦게 마이얼링 근교 수도원에 매장되었다.

루돌프의 국장일은 2월 5일이었다. 자살이라서 교리상 받아들여질 수 없는 사안이었으나 겨우 로마 교황청의 동의를 얻어서 합스부르크가가 대대로 잠드는 교회의 지하 영묘에 이장할 수 있었다. 아들의 갑작스러운 죽음의 충격에서 벗어나지 못한 엘리자베트 황후는 끝내 장례식장에 나타나지 않았다.

그 후 루돌프의 마이얼링 별장은 엘리자베트의 강력한 의지에 따라 교회로 개조되었다. 황제 부부는 공사가 완료된 별장, 아니 교회에 가서 루돌프가 죽은 방에 만들어진 예배당에서 열린 미사에 참석했다. 1889년 11월의 일이었다. 이때 프란츠 황제는 자신을 바라보는 신하들 앞에서 "나의 가여운 아들이여! 루돌프!"라고 절규했다고 한다.

만약 황제 부부가 평소 황실 업무나 미용 따위에만 얽매이지 않고 루돌프의 마음을 이해하려 노력하고, 사랑하는 마음을 자주 표현하고, 소통하려 했다면 이런 비극적인 결과를 초래하지는 않았을 것이다.

합스부르크가 치세의 마지막을 섬뜩한 핏빛으로 물들인 '마이얼링 사건'에는 단순한 남녀문제라기보다는 파탄 나버린 어느 가족의 안타까운 비극이 은밀히 자리하고 있다.

episode

26

'남자다움'에 목숨 걸다 허망하게 목숨을 잃은 대문호 헤밍웨이

'남자다움'에 병적으로 집착하다

'남자다움'에 질식되어 비극적으로 세상을 떠난 헤밍웨이

20세기 전반을 대표하는 세계적 대문호 어니스트 헤밍웨이(Ernest Hemingway, 1899~1961). 그는 신문기자로 혹은 적십자의 일원으로 전쟁터에 나가 취재하는 동안 '하드보일드'라고 불리는 독창적 스타일의 소설을 쓰며 문단에서 두각을 나타내기 시작했다.

헤밍웨이의 삶과 문학을 관통하는 단어를 하나 꼽으라면 그것은 바로 '남자다움'이다. 헤밍웨이는 상당히 거칠고 활동적이던 아버지 클래런스(Clarence Edmonds Hemingway)에게 권투, 낚시, 사냥 등 남성미 넘치는 취미를 많이 배웠다. 아버지는 의사였으나 중증의 우울증으로 고통받다가 권총 자살로 생을 마감했다. 헤밍웨이가 서른 살이 되던 1929년의 일이었다.

클래런스를 힘들게 했던 불면증, 망상, 우울증과 조울증 증상은 아들 헤밍웨이에게 유전되었을 뿐 아니라 그의 남동생, 누나, 여동생 모두에게 나타났다. 광기의 유전과 예술적 재능의 관련성에 대해서는 아직 명확한 결론이 내려지지 않았으나 '신경 쓰이는' 에피소드이기는 하다.

헤밍웨이는 아버지가 권총 자살로 세상을 떠난 후 자신을 '파파'라고 부르게 했다. 왜 그랬을까? 그때 이미 그에게 자식이 있기는 했지만 그 '파파'를 의미한 것은 아닌 것으로 추정된다. 이에 대해서는 여러 설이 있어 물론 단정 지을 수는 없다.

헤밍웨이가 자신을 '파파'라고 이름 짓기 시작한 것은 아마도 오랫동안 깊은 마음의 병과 싸우다 무릎을 꿇어버린 아버지의 몫까지 자신이 씩씩하고 당차게 살아가겠다는 의지의 표현이 아니었을까. 하지만 안타깝게도 이때 이미 그 자신도 심각한 우울증으로 고통받고 있었다.

헤밍웨이를 무너지게 한 결정적 도화선, 확률로도 불가능에 가까운 연이은 두 번의 비행기 사고

1930년대에 이르러 헤밍웨이는 작가로서의 입지를 확고히 다진다. 전 국민이 다 아는 유명인사가 된 그를 매스컴이 놓아두질 않았다. 그 탓에 멕시코만에서 크루징이나 낚시를 하고 아프리카 사바나 지역에서 거칠게 지프를 몰며 수렵하는 '남성미 넘치는' 그의 모습이 신문이나 텔레비전에 종종 노출되곤 했다.

헤밍웨이가 이런 정도의 레저 활동을 즐길 수 있었던 데에는 그의 두 번째 아내 폴린에게 억만장자인 숙부가 있었기에 가능했다. 그건 그렇고 그렇게까지 하면서 '활동적인 자신', 아니 '남자다운 자신'을 세상에 어필하고 싶어 하는 헤밍웨이의 욕구와 행동은 지나치다 못해 병적으로 느껴질 정도다.

작가로서 헤밍웨이가 사실상 '죽게' 되는 계기가 1954년에 일어났다. 그가 네 번째 아내 메리와 함께 아프리카를 방문했을 때였다. 이때 그는 언제나처럼 지프를 거칠게 몰면서 맹수를 제압하고 사냥하는 모습을 아내에게 보여주며 자신의 남성미를 뽐내고 싶어 했다. 그런데 운 나쁘게도 그 여행에서 그는 연거푸 두 번이나 비행기 사고를 당한다.

아내와 함께 우간다 북서부 머치슨 폭포에 가기 위해 소형 비행기에 탔을 때 조종 실수로 전선에 기체가 걸려 추락했다. 그 바람에 일행은 모두 강에 빠졌으나 다행히도 주변에 있던 배와 뱃사람들의 도움을 받았다. 약간 다치기는 했어도 전원이 기적적으로 목숨을 건졌다.

그러나 다음 날 헤밍웨이가 탄 비행기가 또다시 사고를 일으켰다. 믿기 어려울 만큼 희박한 확률의 사고지만 어쨌든 사실이다. 이번에는 기체 화재였다. 헤밍웨이는 비행기 조종실 유리를 깨고 탈출하여 가까스로 목숨을 건졌다. 이 사고로 그는 몸에 심각한 화상을 입고 타박상과 탈구, 척추 부상에 왼쪽 눈 실명까지 겪었지만 목숨은 지장이 없었다. 그러나 기자들이 사실 관계를 오해하는 바람에 신문에 그의 사망기사가 나고 말았다.

미국에서 친구들이 달려오자 헤밍웨이는 차갑게 저장해둔 샴페인을 따서 함께 마시고 신문에 실린 자신의 사망기사와 추도문을 읽으며 즐거워했다. 사고로 간장, 신장, 비장이 파열되었고 이미 오래전부터 고혈압과 당뇨병을 앓아왔으나 이런 상황에서조차 그는 술 마시기를 멈출 수 없었다.

친구들은 몇 개월 만에 보는 헤밍웨이의 변화된 모습에 놀랐다. 타지 않고 남은 머리카락과 수염은 하얗게 바랬고 185센티미터, 95킬로그램의 근육질 거구는 마치 바람 빠진 풍선처럼 줄어들어 왜소한 느낌마저 들었다.

그가 최악의 상태에서도
끝내 정신과 진료를 거부한 이유

이 사고 이후 헤밍웨이는 육체적, 정신적으로 눈에 띄게 불안정해졌다. 그는 '건강'을 이유로 노벨문학상 수상식에 참석할 수 없었다. 그는 FBI 요원이 자신을 항상 감시하고 있다고 여겨 노이로제 증상을 보이며 수시로 자살 욕구를 입 밖으로 내뱉으면서도 정신과 진료를 받으려 하지 않았다.

헤밍웨이는 왜 최악의 상태에서도 정신과 상담 및 진료를 받으려 하지 않았을까? 여기에도 역시 문제는 그 '남자다움'이었다. '마음이 아프다'는 것은 그에게 있어서 자신의 '남자다움'을 포기하는 일이자 스스로 열등한 여자처럼 된다는 의미였다. 그러므로 병을 병으로 인정하지 않는 것만이 그가 자신의 '남자다움'을 지키는 행위였다. 평생을 넘치는 활력과 남성성을 드러내 보여주느라 여념 없던 헤밍웨이였기에 사고로 나약해진 자신을 용납하기 어려웠을 것이다.

대문호의 허무하고도 비참한 죽음

존 F. 케네디(John F. Kennedy, 재임 1961~1963)가 제35대 미합중국 대통령으로 취임했다. 1961년 1월 20일의 일이다. 헤밍웨이는 미국을 대표하는 대문호로서 케네디의 승리를 축하하기 위해 자신의 책 증정본을 보내기로 했다. 그러나 그는 단 몇 줄의 헌정 메시지도 쓸 수 없었다. 온종일 고민했지만 "정말로 아무것도 생각나지 않는다"라고 말하고는 책상 위에 엎드려 흐느껴 울기 시작했다.

당시 헤밍웨이는 쿠바의 자택 핀카 비히아에서 지냈지만 치료를 위해 미국 아이다호주 케첨에 있는 자신의 옛 저택으로 돌아가야 했다. 쿠바에서는 제대로 된 치료를 받을 수 없다고 판단했기 때문이다. 당시에는 몸속으로 전기를 통하게 해서 쇼크를 주는 방법 외에 마땅한 우울증 치료제가 없었다. 게다가 이 방법은 헤밍웨이에게는 효과가 있기는커녕 오히려 악영향만 주었다.

"책상에 서랍이 두 개 있는데, 그걸 너무 세게 당겨서 바닥에 떨어지는 듯한 소리가 났어요."

침실에서 뭔가 예사롭지 않은 '소리'를 듣고 달려온 헤밍웨이의 아내 메리가 말했다. 그날 헤밍웨이는 작은 방 침실에서 혼자 자겠다며 방을 나간 뒤 현관에서 사망했다. 1961년 7월 2일의 일이다.

검시 결과 엽총으로 자살한 것으로 밝혀졌다. 그의 뇌는 대부분 날아가버려 거의 아무것도 남지 않았다. 시신은 케첨의 묘지에 묻혔다.

장례식에서 헤밍웨이의 대표작 『태양은 다시 떠오른다(The Sun Also Rises)』(1927)에 사용된 성서의 한 구절이 읽혔다.

"저녁이 되면 석양이 물든 지평선으로 태양이 지지만 아침이 되면 다시 떠오른다. 태양은 결코 이 세상을 어둠이 지배하도록 놔주지 않는다."

episode

27

역사상 최악의 독재자 히틀러와 브라운의 36시간의 결혼 생활과 비장한 최후

사진관에서 일하던 브라운,
인류 역사상 최악의 독재자의 마음을 사로잡다

"독일을 위해 온종일 싸우는 아돌프 히틀러에게 사생활 같은 것은 없다."

이것이 바로 죽을 때까지 독신을 고수한 히틀러(Adolf Hitler, 1889~1945)에 대한 나치스의 공식 의견이며 그의 카리스마를 배가시키기 위해 이루어진 연출이었다. 그러나 실제로 그에게는 에바 브라운(Eva Braun, 1912~1945)이라는 이름의 오랜 애인이 있었다.

두 사람의 만남은 뮌헨의 호프만 사진관에서 시작되었다. 1929년 10월의 일이다. 사진관에서 일하던 브라운에게 단골손님 히틀러는 일부러 가명으로 말을 걸었다. 하지만 브라운은 단박에 그의 정체를 눈치 챘다.

그로부터 얼마 후 히틀러는 사진관을 방문할 때 브라운을 위해 준비한 근사한 꽃다발을 손에 들고 있었다. 그러나 오랜 세월 동안 유지된 두 사람의 관계는 '이성'보다는 '부녀', 즉 아버지와 딸의 관계에 더 가까웠다. 둘의 나이 차이가 스물세 살이나 나는 것도 그런 관계가 된 요인 중 하나였다.

히틀러는 왜 애인의 존재를 철저히 숨겨야만 했을까?

사진관 주인 하인리히 호프만은 출장 촬영을 하러 자주 돌아다녔다. 그는 나치스가 발행하는 청소년 대상 책자에 활용하기 위해 '산에서의 히틀러' 콘셉트의 스냅 촬영을 했다. 이때 호프만은 에바 브라운을 데리고 갔고 자연스럽게 브라운이 사진에 찍히는 기회가 많아질 수밖에 없었다. 그런데 히틀러는 매번 호프만에게 브라운의 모습을 빠짐없이 가위로 자르도록 지시했다.

에바 브라운은 자신과의 교제를 애써 숨기려는 히틀러의 묘한 태도를 자신을 향한 '독점욕'으로 제멋대로 해석해버렸다. 동시에 그는 자신의 애인이 신문이나 라디오에 연일 대문짝만하게 보도되는 대단한 유명인이자 절대권력자라는 사실에 큰 기쁨을 느꼈고, 사실 그 애인이 자신을 어떻게 생각하는지는 그다지 신경 쓰지 않았던 것으로 보인다.

두 사람이 이전보다 훨씬 자주 만나게 된 1930년대에도 그들은 여전히 육체적으로 '깨끗한' 관계로 주로 대낮에 만났다. 그러나 그 무렵 에바 브라운은 히틀러에게 완전히 빠져 있었고, 자신의 매력을 최대한 동원하여 그의 시선을 끄는 일에 굉장히 집착하고 있었다.

히틀러는 그런 에바 브라운을 경계하면서 "한가할 때는 휴식이 필요해. 나는 절대로 결혼 같은 것은 하지 않을 거야!"라고 말했으나 이 우회적인 거절의 메시지를 브라운은 눈치 채지 못했다.

그럼에도 지치지 않는 에바 브라운의 끈기와 열정에 두 손 든 것일까? 히틀러는 자신과 통화 전용 전화기를 에바의 방에 설치하는 걸 허락했다. 그로 인해 그의 일상은 점점 더 '히틀러 일색'이 되었다.

"그는 뭔가 목적이 있을 때에만 나를 필요로 한다"

하지만 전화기는 울리지 않았다. 애타게 기다리고 기다리다 지친 에바 브라운은 권총으로 자신을 쐈다. 1932년의 일이었다. 이는 히틀러의 관심을 끌기 위한 자살(미수)극이었다. 그러나 연극 티가 난 것이 오히려 더 좋았는지 이 사건으로 브라운을 향한 히틀러의 사랑은 한층 깊어진다.

그로부터 3년 뒤인 1935년에도 에바 브라운은 자살 미수 사건을 일으킨다. 이유는 전과 마찬가지로 '히틀러가 너무 바빠서 자신을 보살펴주지 않기 때문'이었고, 이번에는 수면제를 삼켰다.

에바 브라운은 이 자살 미수 사건에 이르기까지 3개월여 시간을 일기에 기록했는데, 그중 몇 페이지를 그의 언니 일제가 찢어간 것이 오늘날까지 보존되어 있다.

"독일은 말할 것도 없고 지구상에서 가장 위대한 남자의 유일한 애인인 나"라는 자화자찬성 문구 외에도 "그는 뭔가 목적이 있을 때에만 나를 필요로 한다"라는 적나라한 폭로성 문장도 있다.

히틀러와 에바 브라운이 정확히 언제 '남녀 관계'가 됐는지는 알 수 없다. 다만 브라운의 일기를 통해 '히틀러가 독신으로 산 것은 젊은 시절부터 성적 불능이었기 때문이다'라는 설은 낭설에 불과하다는 것을 알 수 있다. 참고로 훗날 그가 정말 성적 불능이 되었을 때 브라운이 미약을 마시게 했다는 일화도 전해져 내려온다.

"나는 깨끗한 시체가 되고 싶어"
—절망적인 상황에서 에바 브라운만 유일하게 활기가 넘쳤다는데?

드디어 끈질기게 버틴 에바 브라운의 사랑이 승리하는 순간이 소련의 포격과 함께 가까워졌다. 나치스 독일의 패색이 짙어진 1945년 4월 22일 아침 10시, 불면증으로 괴로워하던 히틀러는 기분 나쁘게 눈을 떴다.

히틀러는 "누가 일부러 이런 짓을 해서 잠을 방해하는가?"라고 불만스럽게 중얼거렸다. 소련군은 이미 관저가 있는 베를린 시내까지 진격하며 공격을 퍼부었고 점점 가까워지는 폭격음은 '끝의 시작'을 알렸다. 그러나 몸과 마음이 모두 지칠 대로 지친 히틀러는 있는 그대로의 현실을 받아들이고 싶지 않았을 것이다.

히틀러의 침실에는 밖의 풍경을 비추는 창문 같은 것이 없었다. 왜냐하면 소련군이 베를린에 들이닥치기 몇 주 전 서둘러 16미터의 깊은 땅 속에 만들어진 지하 방공호로 관저를 옮겼기 때문이다. 그곳에서 히틀러를 비롯한 나치스 독일의 간부들과 그 가족, 고용인들이 숨을 죽이고 있었다. 그리고 그 안에는 에바 브라운도 있었다. 그런데 웬일인지 오직 브라운만이 전과 달리 활력이 넘쳐 보였다.

22일 저녁, 인원도 물자도 얼마 남지 않은 나치스 독일군에게는 소련에 저항할 만한 병력도 없을 뿐 아니라 명령받은 공격조차 제대로 이행할 수 없는 상태라는 보고를 들은 히틀러는 미친 듯 화를 내고 절망하면서 사람들 앞에서 이렇게 선언했다.

"지금 내가 해야 할 일은 단 하나, 베를린에 머물면서 여기에서 죽는 것이다."

23일, 히틀러가 중용한 나치스의 간부 알베르트 슈페어(Albert Speer)가 방공호를 방문해 히틀러에게 작별인사를 할 때 브라운은 퍼스트레이디인 듯 행동했다. 그는 모엣샹동의 병을 따면서 웃는 얼굴로 슈페어를 접대했다.

슈페어는 이날 브라운의 모습을 다음과 같이 묘사했다.

"에바 브라운은 죽음을 예약 받은 지하 방공호의 사람들 중에서 유일하게 더할 나위 없이 평온하고 온화한 모습이었다. …… 그는 슬퍼하기는커녕 오히려 즐겁다 싶을 정도로 활기차면서도 평정심을 유지하고 있었다."

그도 그럴 것이 에바 브라운은 히틀러가 자신을 아내로 선택하는 '결정적 순간'이 다가오고 있다는 것을 직감하고 있었다. 지난 며칠 동안 그는 히틀러에게 "저와 정식으로 결혼해주세요"라고 프러포즈 폭격을 퍼부어대고 있었다. 병들어 쇠약해진 히틀러는 소련군에 둘러싸인 자신의 방공호 관저처럼 브라운에게도 함락되기 직전이었다. 브라운은 전에 없던 히틀러의 반응에 흥분을 감추지 못했다.

그날 에바 브라운은 히틀러의 비서 트라우들 융에(Traudl Junge)에게 "나는 깨끗한 시체가 되고 싶어"라고 말했다.

"입술과 얼굴에 총알이 박혀서 아름다운 얼굴이 너무 익어버린 수박처럼 되는 건 견딜 수가 없어! 그렇게 되면 끔찍할 정도로 추할 것이고 내가 누군지 알아보지 못하게 될지도 모르잖아!"

브라운은 자신이 죽고 난 뒤 시체 사진이 세상에 공개되어 역사책에 실리는 미래에 대해 더할 나위 없는 기쁨과 만족을 느끼는 듯했다. 아마도 그때 이미 히틀러는 그에게 자살용 맹독인 시안화합물 캡슐을 건넸을 것이다.

자살하기 직전 한밤중에
에바 브라운과 결혼식을 올린 히틀러

소련군이 만들어내는 폭격음은 지하 방공호에서 아주 가까운 곳까지 밤낮 없이 이어지면서 그야말로 종말이 임박했음을 알렸다. 1945년 4월 28일의 일이다.

브라운은 자신이 잘 모르는 남성이 방공호에 있다는 사실을 인지했다. 문득 그 남자가 호적 담당 공무원인 발터 바그너라는 사실을 깨달은 순간 브라운은 자신의 오랜 꿈이 이루어지게 되었다고 미친 듯 좋아했다. 난공불락의 요새와도 같았던 히틀러라는 철옹성이 마침내 함락되어 결혼을 승인한 것이었다.

결혼식은 29일로 넘어가는 한밤중에 시작되었다. 신랑 히틀러는 밀랍 같은 얼굴색과 쭈글쭈글한 나치스 제복에 훈장을 잔뜩 달고 나타났다. 브라운은 옅은 파란색으로 물들인 면 드레스에 모피 케이프를 걸친 채 조용히 미소 짓고 있었다.

호적 담당 공무원 발터 바그너는 나치스가 정한 관습에 따라 두 사람에게 결혼 선서를 시켰다. 신랑 · 신부를 향한 질문에는 나치스답게 '아리아민족의 피를 잇고 있는가?', '유전 질함은 없는가?' 등이 있었다. 두 사람이 결혼에 동의하자 예식은 모두 끝났다. 10분도 채 걸리지 않은 간소한 결혼식이었다.

에바 브라운은 서류에 서명할 때 '에바 히틀러'가 아닌 원래 성 '에바 브라운'으로 적으려고 B를 쓰다가 실수를 깨닫고는 얼른 그것을 H로 고쳤다고 한다. 그가 얼마나 흥분한 상태였을지 충분히 짐작이 간다.

축하연은 결혼식보다 더 짧아서 고작 몇 분 정도에 지나지 않았다. 홍차와 샴페인이 나왔으나 히틀러가 곧 유언을 작성하기 위해 자리를 떴기 때문이다.

두 사람이 부부로 지낸 시간은 고작 36시간이었다?

4월 30일 오후 1시, 히틀러는 브라운 일행과 최후의 점심을 먹고 복도에서 지금까지 자신과 운명을 함께한 간부들과 마지막 인사를 나눴다. 브라운은 옷깃에 장미가 그려진 검은 원피스로 몸을 감싸고 있었다. 이것은 히틀러가 특히 좋아한 옷이었다.

브라운은 고급 모피 등 자신의 옷가지를 사람들에게 모두 나누어주었다. 유품 분배가 끝난 두 사람은 침실로 들어가 에바는 시안화합물이 든 캡슐을 삼키고 히틀러는 권총을 쏘아 자살했다. 이렇게 에바 브라운은 히틀러의 부인으로 생을 마감했다. 아내로 있었던 시간은 36시간 정도였다.

두 사람의 사체는 부하들의 손에 의해 방공호 밖으로 옮겨져 수백 리터의 가솔린이 부어진 뒤 세 시간 넘게 태워져 재가 되었다. 이로써 자신의 아름다운 시체 사진을 세상에 선보이고 싶어 했던 에바 브라운의 소망은 끝내 이루어지지 않았다.

episode

28

'황후'라는 타이틀에 목숨 걸다 남편과 자신의 인생을 망친 샤를로트 이야기

상승 지향 성향이 강한 왕녀 샤를로트,
오스트리아제국 황제의 동생 막시밀리안과의 결혼을 택하다

벨기에가 네덜란드왕국의 지배에서 벗어나 독립을 쟁취하고 시민들 대다수의 희망에 따라 벨기에왕국을 세운 것은 1831년의 일이다.

초대 벨기에 국왕에 즉위한 레오폴트 1세에게 1840년 6월 7일 딸 샤를로트가 태어났다. 샤를로트는 어려서부터 상승 지향 성향이 유난히 강한 왕녀였다. 그의 꿈은 왕비보다도 한 단계 더 높은 황후가 되는 것이었다. 그는 모범적인 왕녀였다고 알려져 있다.

"신에게 그 위세와 힘의 일부를 허락받은 왕후는 신에게 아주 큰 책임을 부여받게 된다. 신은 시민의 평안과 무사함을 위해 노력할 의무를 왕후에게 부여했다."

놀랍게도 이것은 샤를로트가 열한 살의 어린 나이에 쓴 문장이다. 샤를로트의 신앙과 믿음의 깊이, 그리고 태어나면서부터 갖게 된 혈통에 대한 책임감과 자부심이 절실히 전해져 온다.

샤를로트는 오랜 고민과 망설임 끝에 결국 오스트리아제국의 프란츠 요제프 황제의 동생 막시밀리안 대공과 결혼하기로 마음을 정한다. 막시밀리안 대공은 황위 계승권을 가진 사람 중 하나였다.

프란츠 요제프 황제와 엘리자베트 황후 사이에는 벌써 오래전부터 찬바람이 불고 있다고 사람들은 수군거렸다. 만약 그들에게 장차 황태자가 될 아들이 태어나지 않는다면 샤를로트의 남편인 막시밀리안 대공이 500년 넘게 제국의 통치권을 인정받아온 합스부르크가의 황제가 되고 샤를로트 자신은 황후가 될 것이었다.

1857년 7월 결혼식을 올릴 때 샤를로트는 열일곱 살, 막시밀리안은 스물다섯 살로 여덟 살 차이였다. 다행스럽게도 오늘날까지 두 사람의 사진이 남아 있어 구체적인 외모를 알 수 있다. 사진을 보면 키가 크고 비쩍 마른 데다 약간 허약해 보이는 막시밀리안에 비해 샤를로트는 어느 사진에서나 표정이 굳어 있고 마치 무언가와 싸우려는 듯한 공격적인 눈빛을 하고 있다는 점이 인상적이다.

결혼식 후 얼마 지나지 않아 샤를로트의 눈에 남편 막시밀리안 대공의 결점이 눈에 들어오기 시작했다. 그는 합스부르크가의 장남으로 태어나지 못한 자신의 불행한 운명을 한탄하는 한편 시종일관 거만한 태도로 사람들을 곤혹스럽게 했다. 그럼에도 샤를로트는 남편을 지지하고 격려하며 용기를 북돋웠다.

결혼하기 얼마 전이던 1857년 2월, 막시밀리안은 당시 합스부르크령이던 롬바르도베네토 왕국의 부왕으로 즉위했다. 비록 왕보다 약한 '부왕'의 자리이긴 하지만 나름대로 괜찮은 출발이었다.

하지만 막시밀리안의 통치는 2년을 채우지 못하고 1859년에 종료되었다. 이탈리아 통일 운동의 영향으로 롬바르도베네토가 합스부르크가의 지배에서 벗어나 독립했기 때문이다. 이후 스물일곱 살의 막시밀리안은 어쩔 수 없이 사실상 은퇴와 은거의 길을 걷게 된다.

한편 막시밀리안의 형 요제프 황제 부부에게서 오랫동안 태어나지 않았던 아들이 드디어 태어났다. 1858년의 일이다. 이는 막시밀리안과 샤를로트에게는 또 다른 불행의 시작일 수밖에 없었다. 참고로, 이때 태어난 황제 부부의 아들이 앞에 소개한 그 '동반 자살 사건'으로 세상을 떠들썩하게 만든 루돌프 황태자다.

프랑스 황제 나폴레옹 3세로부터
멕시코 황제를 제안받은 막시밀리안 대공

미래가 사라진 막시밀리안과 샤를로트는 당시 합스부르크제국령이던 이탈리아의 드리에스테의 미라마레성에서 원예를 취미 삼아 소일거리하며 시간을 보내는 수밖에 없었다. 두 사람의 인생은 얼핏 보면 안정된 생활이 보장된 우아한 은거 생활이었다. 하지만 두 사람은 아직 이십 대의 젊은 나이였다. 특히 상승 지향 성향이 강한 샤를로트에게는 괴롭고 굴욕적인 나날의 연속이었다.

신에게 선택받은 왕후의 가족으로 태어났는데 아무것도 하지 못한 채 무기력하게 죽어가야 하다니! 이런 운명은 샤를로트에게 무척 가혹한 것이었다.

그런 상황에서 프랑스의 나폴레옹 3세가 막시밀리안에게 상상도 하지 못한 제안을 해온다. '멕시코 황제가 되지 않겠느냐'는 것이었다. 복잡한 사정을 간략히 설명하자면, 1860년대 멕시코의 신정부가 유럽의 여러 나라에서 빌린 돈을 갚을 수 없다며 채무 지불 중단을 선언했다. 가장 대표적인 채권자였던 나폴레옹 3세로서는 가만히 두고 볼 수 없는 위기 상황이 발생한 것이었다.

고민 끝에 나폴레옹 3세는 멕시코를 프랑스의 동맹국으로 삼기 위해 괴뢰 정권을 세우기로 결정했다. 그리고 그 계획을 실현시키기 위해 '장식품 같은 톱'으로서 막시밀리안 대공을 세우기로 한 것이었다.

막시밀리안과 샤를로트는 프랑스 정부로부터 2만 5,000명의 군대를 멕시코에 파견해서 두 사람을 지켜준다는 약속을 받고 그 제안을 받아들였다.

황후가 되고 싶은 욕심에 남편을 종용하여
합스부르크가의 계승권마저 포기하고
멕시코 황제 자리를 받아들이게 한 샤를로트

처음에 막시밀리안은 이 제안에 난색을 표했다. 친족들도 강하게 반대했다. 샤를로트의 대숙모로 프랑스왕 루이 필리프의 왕비였으나 혁명으로 퇴위된 경험이 있는 아말리아 드 부르봉은 '살해당할 것이다'라는 극단적인 말로 경고하며 만류하기도 했다. 하지만 샤를로트는 우려의 말을 새겨듣지 않고 무시해버렸다. 그의 머릿속에는 온통 아무 직무도 없는, 한량에 가까운 남편을 황제의 자리에 밀어 올릴 수 있고 자신도 황후가 될 수 있다는 생각뿐이었다. 그는 집요한 설득 끝에 망설이는 막시밀리안의 동의를 얻어냈다.

부부가 머무르던 미라마레성에서 대관식이 열렸다. 1864년 4월 10일의 일이었다. 멕시코 대표단에게서 왕관을 받아 머리에 쓴 두 사람은 멕시코 황제 막시밀리아노 1세, 멕시코 황후 카를로타로 즉위했다. 샤를로트에게는 그토록 바라고 또 바랐던 황후의 대관이었다.

그러나 막시밀리안은 불행한 예감이 자꾸 엄습해 괴로워했다. 멕시코 황제가 된다는 것은 합스부르크가의 숙적인 보나파르트가의 나폴레옹 3세의 비호 하에 들어가는 것을 의미하는 일이었기 때문이다. 게다가 그의 형 프란츠 요제프 황제는 만약 멕시코 황제가 된다면 합스부르크가의 지위나 재산 등 모든 계승권을 포기해야 한다는 조건을 내걸었다. 그럼에도 샤를로트는 남편을 재촉하여 그 모든 조건을 받아들이게 했고, 4월 14일 그들은 유럽을 떠나 멕시코로 향했다. 두 사람은 이제 원래의 자리로 영원히 돌아올 수 없는 일생일대의 결정을 해버린 것이다.

멕시코 민중과 프랑스 황제 모두에게 버림받고 딜레마에 빠진 황제 부부

기나긴 배 여행 끝에 황제 부부는 멕시코 땅을 밟았다. 그해 5월 25일의 일이다. '죽은 자의 마을'이라고 불리는 베라크루스는 견디기 힘들 정도로 습하고 무더워서 황제 부부를 맞이하러 나온 사람이 거의 없었다.

멕시코시에 있는 황제 부부용 '궁전'에 도착하자 그나마 그곳에는 시원한 바람이 불었지만 침대가 온통 빈대 소굴이었다. 어느 정도 예상하고는 있었지만 그들이 맞닥뜨린 현실은 상상 이상으로 혹독했다.

비록 황제 부부라고는 하지만 멕시코인에게 그들은 그저 유럽에서 수입된 장식품 같은 존재에 지나지 않았다. 그래도 샤를로트는 어떻게든 지지를 얻어보려고 자선 활동에 나서는 등

애를 썼으나 오히려 민중의 반감만 샀다. 게다가 엎친 데 덮친 격으로 황제에 반대하는 세력의 게릴라 활동이 한층 기세를 떨쳤다.

1865년 10월 3일, 황제 막시밀리아노 1세는 엄격한 칙령을 반포했다. "무기를 손에 들고 체포된 반란군 병사는 그 자리에서 사살한다."

이로써 민중의 지지는 멕시코 황제에게서 완전히 멀어져버렸다. 한편 황제 부부가 의지했던 나폴레옹 3세도 멕시코에 개입한 일은 그야말로 실정이었다는 프랑스 내부의 비난 여론에 시달렸다. 이에 그는 '멕시코에 주둔하는 프랑스 군대를 모두 귀국시키고 싶다'는 편지를 막시밀리아노 1세 황제 부부에게 보냈다. 그 편지를 받아 읽은 샤를로트는 분노했다. 그는 남편인 막시밀리아노 1세에게 황제로서 책임감 있는 통치 행위를 계속하도록 호소하고 독려했다.

"퇴위하시는 것은 스스로 유죄 판결을 내리는 일이며 무능의 증명서를 건네는 것입니다. …… 통치권은 이 세상에서 가장 신성한 소유권입니다."

샤를로트, 나폴레옹 3세를 만나 거세게 항의하다

마음이 약해진 막시밀리안을 다독이고 격려하면서 샤를로

트는 일단 유럽에 돌아가 나폴레옹 3세를 만나기로 했다. 자신이 직접 나폴레옹 3세를 만나 간곡히 호소함으로써 사태를 개선해보려고 한 것이다. 하지만 이는 결과적으로 잘못된 판단이었다. 두 사람은 조용히 퇴위했어야 했다.

오랜 배 여행 끝에 샤를로트가 프랑스 생나제르에 도착한 때는 1866년 8월 8일이었다. 하지만 프랑스에게 이미 큰 '짐'이 되어버린 멕시코 황후의 방문을 환영하는 인파와 목소리는 어디에도 없었다. 심지어 리셉션 자리에서는 실수인지 고의인지 멕시코의 국기 대신 페루의 국기가 걸렸을 정도였다.

그뿐이 아니었다. 나폴레옹 3세는 비겁하게도 병을 핑계로 샤를로트를 만나려고도 하지 않았다. 대신 샤를로트를 방문한 외제니 황후가 미안한 얼굴로 머뭇거리며 "폐하는 병으로……" 등의 변명을 늘어놓자 샤를로트는 화가 치밀어 절규했다.

이제 곤경에 빠진 남편 막시밀리안을 지킬 수 있는 사람은 오직 샤를로트 자신뿐이었다. 그 일을 위해서라면 그에게는 체면이나 수치심 따윈 이미 버린 지 오래였다. 샤를로트가 '만나줄 때까지 계속 찾아오겠다'라고 엄포를 놓자 나폴레옹 3세는 울며 겨자 먹기 식으로 면회를 허락할 수밖에 없었다.

나폴레옹 3세와 외제니 황후 앞에 나타난 샤를로트는 상복을 연상케 하는 검은색 면 드레스를 입고 있었다.

"멕시코 황제의 궁핍한 상황을 알면서도 약속하신 2만

5,000명의 병사를 멕시코에 주둔시키겠다는 약속을 지키지 않으시는 이유가 뭡니까?"

이렇게 울며 호소하고 항의하는 샤를로트에게 나폴레옹 3세는 어찌할 바를 모르며 눈물까지 보였지만 그것뿐이었다. 그는 아무런 구체적인 해결책도 제시하지 않았다.

'이대로 가면 신에게 선택받아 즉위한, 신성한 황제 막시밀리아노 1세인 남편이 멕시코에서 버림받게 된다. 그러니 이 회담에서 어떻게든 성과를 얻어내야만 한다!' 이런 생각을 끊임없이 했지만 샤를로트로도 달리 어떻게 할 도리가 없었다. 황후가 되어 멕시코에 건너간 이후 끝도 없이 불행한 시간에 휘말리고 시련을 겪으며 지칠 대로 지쳐 있던 샤를로트의 이성은 이미 크게 소리 내며 삐걱거리고 있었다.

남편 막시밀리아노 1세는 멕시코 땅에서 총살되고, 아내 샤를로트는 광기의 바다 속으로

나폴레옹 3세에게 절망하고 프랑스를 떠난 샤를로트는 교황 비오 9세(Pope Pius IX, 재위 1846~1878)를 찾아가 면담을 요청한다. 회담장에 나타난 샤를로트는 여름 날씨에도 불구하고 검은색 옷을 입고 있었다. 그러나 비오 9세가 그에게 보여준 것은 동정뿐으로 아무런 성과도 얻지 못했다.

그때였다. 샤를로트는 갑자기 갈증이 나서 견딜 수 없었다. 교황이 그에게 코코아를 내주었다. 그런데 샤를로트는 그 코코아에 손가락을 찔러 넣고는 "이 코코아에는 독이 들어 있어요!"라고 외쳤다. 이후 그는 '누군가에게 독살 당할지 모른다'는 이유를 내세워 자신이 숙박하는 호텔로 돌아가는 것도 거부한 채 여성의 숙박을 금지하는 로마 교황청의 규칙마저 깨면서 바티칸의 도서실에서 다음 날 아침까지 머물렀다.

이로써 교황청에 숙박한 여성으로는 교황의 실제 딸이던 루크레치아 보르자 이후 샤를로트가 두 번째 기록을 세운 셈이었다.

이튿날 눈을 뜬 샤를로트의 광기는 점점 더해갔다. 스물여섯 살의 젊은 나이로 그의 영혼은 갈가리 찢겼고 이미 죽은 상태였다. 그러나 어쩌면 이는 그가 멕시코 왕국의 멸망을 보지 않도록 배려한 신의 은총이었는지도 모를 일이다.

샤를로트의 남편 막시밀리아노 1세는 멕시코 땅에서 총살되었다. 1867년 6월 19일의 일이다. 그러나 광기에 사로잡힌 샤를로트는 이 처참한 비극을 제대로 이해하지 못하고 있었다.

샤를로트는 결혼할 때 가져온 막대한 지참금과 함께 벨기에 왕가로 돌려보내졌다. 이후 육체의 죽음을 맞이하기까지 60여 년의 긴 시간을 샤를로트는 광기의 바다에 이성이 잠식된 채 브뤼셀 근교의 성에서 지냈다.

제1차 세계대전 중인 1914년, 샤를로트가 다른 이에게는 보

이지 않는 어떤 상대를 향해 갑자기 섬뜩한 예언을 하듯 알 수 없는 말을 중얼거렸다는 기록이 남아 있다.

"빨간색이 보여요. 국경은 검은데, 아주 시커먼…… 포로들은 돌려받을 수 없는……."

여기서 '빨간색'이란 공산주의를 말하는 걸까? 아니면 혁명에 의해 피 흘린 자국을 의미하는 걸까? 그리고 '검은색'은 아마도 죽음을 상징하는 게 아닐까.

샤를로트가 파란만장한 삶을 뒤로 하고 생을 마감한 것은 1927년 1월 19일 아침 7시 무렵이다. 이때는 프랑스가 공화제가 된 지 이미 오래 지난 뒤로 합스부르크제국의 황제 역시 퇴위한 뒤였다. 그가 동경하던 황실은 유럽에는 하나도 남지 않았다.

참고 문헌

Anna Maria Sigmund, 『나치스의 여자들 숨겨진 사랑(ナチスの女たち 秘められた愛)』

Charles Mackay, 『광기와 버블 왜 사람은 집단이 되면 어리석은 행동을 하는가(狂気とバブル なぜ人は集団になると愚行に走るのか)』

David Levin, 『History as Romantic Art Bencroft Prescott Motley and Parkman』

David Sweetman, 『고흐 100년째의 진실(ゴッホ 100年目の真実)』

Dawn B. Sova, 『애인백과(愛人百科)』

Dmitri Volkogonov, 『승리와 비극 스탈린의 정치적 초상(勝利と悲劇 スターリンの政治的肖像)』

Edward Chancellor, 『버블의 역사 튤립공황부터 인터넷투기로(バブルの歴史 チューリップ恐慌からインターネット投機へ)』

Franck Collard, 『독살의 세계사 하권 교황 알렉산더 6세부터 유셴코 대통령까지
(毒殺の世界史 下~教皇アレクサンデル6世からユーシェンコ大統領まで)』

Georgia Bragg, 『위인들의 너무한 죽음의 방법 투탕카멘에서 아인슈타인까지(偉人たちのあんまりな死に方 ツタンカーメンからアインシュタインまで)』

Guy Breton, 『프랑스 역사를 만든 여자들』 제3, 6권

Georg Markus, 『합스부르크 야사 낡았지만 좋은 빈(ハプスブルク夜話 古き良きウィーン)』

Günther Bauer, 『갬블러 모차르트 — '놀이의 세계'에서 산 천재
(ギャンブラー・モーツァルト「遊びの世紀」に生きた天才)』

Hans Bankl, 『천재들의 죽음 사인이 말하는 위인의 운명(天才たちの死 死因が語る偉人の運命)』

Inès de Kertanguy, 『캉팡부인 프랑스혁명을 살아남은 수석대녀(カンパン夫人 フランス革命を生き抜いた首席侍女)』

Jean-Christophe Brisard 외, 『히틀러 죽음의 진실 KGB기밀아카이브와 과학조사 상·하(ヒトラー 死の真相 KGB機密アーカイブと科学調査 上·下)』
Jean-Christophe Buisson 외, 『왕비들의 최후의 날 상·하(王妃たちの最期の日々 上·下)』
Joseph Vogl(Author)·Simon Garnett(Translator), The Ascendancy of Finance
Lee Jackson 외, 『불결한 도시 런던 빅토리아왕조의 도시정화대작전(不潔都市ロンドン ヴィクトリア朝の都市浄化大作戦)』
Nienke Denekamp 외, 『고흐의 지도첩 유럽을 둘러싼 여행(ゴッホの地図帖 ヨーロッパをめぐる旅)』
Paul Claudel, 『눈은 듣는다(眼は聴く)』
Reine Marie Paris, 『까미유 끌로델 1864~1943(カミーユ·クローデル 1864-1943)』
Whitney Chadwick, 『커플을 둘러싼 13가지 이야기 창조성과 파트너십 상권(カップルをめぐる13の物語 創造性とパートナーシップ 上)』

나카노 쿄우코(中野京子),
나카 아키라(仲晃), 『덧없는 사랑의 진실 — 합스부르크 황태자의 자살사건(「うたかたの恋」の真実—ハプスブルク皇太子心中事件)』
모로타 미노루(諸田実), 『푸거가 시대(フッガー家の時代)』
미즈타니 아키라(水谷彰良), 『살리에리 생애와 작품 - 모차르트에게 지워진 궁중악장(サリエーリ 生涯と作品 モーツァルトに消された宮廷楽長)』
『바렌 도주 마리 앙투아네트 운명의 24시간(ヴァレンヌ逃亡 マリー·アントワネット 運命の24時間)』
변신의 로망, 악마가 있는 문학사, 도깨비(澁澤龍彦全集11 - 女のエピソード, 偏愛的作家論, 変身のロマン, 悪魔のいる文学史, 幻妖)』, 보유판 1972년
세키 에이지(関榮次), 『처칠이 사랑한 일본(チャーチルが愛した日本)』
세키타 아츠코(関田淳子), 『꽃과 녹음이 말한다. 합스부르크가 의외의 역사(花と緑が語るハプスブルク家の意外な歴史)』
쇼다 토모아키(正田倫顕), 『고흐와 신성한 것(ゴッホと〈聖なるもの〉)』
시부사와 타츠히코, 『독약수첩(毒薬の手帖)』
시부사와 타츠히코(澁澤龍彦), 『시부사와 타츠히코 전집 11 — 여자의 에피소드, 편애적작가론, 야마다 마사루(山田勝), 『드미몽덴 파리 뒷골목 사교계의 여자들(ドゥミモンデーヌ パリ·裏社交界の女たち)』
아다치 마사카츠(安達正勝), 『마리 앙투아네트 프랑스혁명과 대결한 왕비(マリー·アントワ

ネット フランス革命と対決した王妃)』
이노우에 타로(井上太郎), 『레퀴엠의 역사 - 죽음과 음악의 대화(レクィエムの歷史一死と音楽との対話)』
이케우치 오사무(池内紀), 『부의 왕국 로스차일드(富の王国 ロスチャイルド)』
츠치야 히데아키(土屋英明), 『중국의 성애술(中国の性愛術)』
카시마 시게루(鹿島茂), 『괴제 나폴레옹 3세 제2제정 전사(怪帝ナポレオン三世 第二帝政全史)』
카와시마 루미코(川島ルミ子), 『나폴레옹이 고른 3명의 여자(ナポレオンが選んだ3人の女)』
키지마 슌스케(木島俊介), 『여자들이 바꾼 피카소(女たちが変えたピカソ)』
타니타 히로유키(谷田博幸), 『도해 빅토리아왕조 백화사전(図説 ヴィクトリア朝百貨事典)』
타카미 히로시(高見浩), 『헤밍웨이의 원류를 찾아(ヘミングウェイの源流を求めて)』
후나야마 신지(船山信次), 『독과 약의 세계사 소크라테스, 연금술, 도핑(毒と薬の世界史 ソクラテス、錬金術、ドーピング)』

세상에서 가장 재미있는
사랑과 욕망 세계사

1판 1쇄 발행 2021년 12월 31일
1판 2쇄 발행 2022년 1월 11일

지은이 호리에 히로키
옮긴이 김수경
그린이 이강훈
펴낸이 이재두
펴낸곳 사람과나무사이
등록번호 2014년 9월 23일(제2014-000177호)
주소 경기도 고양시 일산서구 강선로 142, 1701동 302호
전화 (031)815-7176 **팩스** (031)601-6181
이메일 saram_namu@naver.com
디자인 박대성

ISBN 979-11-88635-56-6 03900